Pat Southern

Kleopatra

ALAN
SUTTON

Sutton Verlag

Pat Southern

Kleopatra

Ein Lebensbild

Aus dem Englischen von Christof Köhler

ALAN
SUTTON

Die Autorin

Pat Southern, anerkannte Expertin für römische Militärgeschichte, hat bereits eine hervorragende Biographie über Kaiser Domitian vorgelegt. Bis vor kurzem Chefbibliothekarin der archäologischen Fakultät der Universität Newcastle, ist sie jetzt in gleicher Funktion für die Tyne Literary & Philosophical Society tätig. Im Sutton Verlag wird in diesem Jahr auch ihre Antonius-Biographie erscheinen.

Die englische Originalausgabe erschien 1999 unter dem Titel „Cleopatra" bei Tempus Publishing Ltd., Stroud.

Das Titelbild zeigt eine im klassischen Stil gehaltene Büste Kleopatras.

Impressum
Sutton Verlag GmbH
Gustav-Adolf-Straße 3
99084 Erfurt
www.suttonverlag.de
1. Auflage 2000

Satz und Herstellung: Brit Felmberg, Erfurt
Lektorat: Martin Döring, Erfurt
ISBN 3-89702-229-X

Inhaltsverzeichnis

Für Graeme, dem ich für seinen Beitrag zu diesem Buch sehr dankbar bin.

Danksagung

Meine Beschäftigung mit Kleopatra reicht zurück bis in meine Jugend, als die heute aus der Mode gekommenen Historienfilme auf den Leinwänden der Provinzkinos liefen. Damals war ich eine passionierte Kinogängerin und versorgte mich in Bibliotheken und Second-Hand-Buchläden mit Literatur, um Hintergrundinformationen zu gewinnen. Das vorliegende Buch verdankt sein Entstehen der Hartnäckigkeit von Peter Kemmis Betty, der bereits meine Antonius-Biographie anregte und meinte, ich könne ebensogut über Kleopatra schreiben. Ich schulde mehreren Menschen Dank für ihre Unterstützung bei dieser Arbeit, allen voran Graeme Stobbs, der anhand meiner kryptischen Notizen in kürzester Zeit die Karten für dieses Buch zeichnete. Auch die Bibliotheksangestellten der Universität von Newcastle upon Tyne, die Kollegen von der Literary & Philosophical Society in Newcastle und der Trafford Metropolitan Borough-Bibliothek waren mir eine große Hilfe. Jacqui Taylor danke ich für ihre Zeichnungen, ihre Geduld beim Zuhören und ihre wertvollen Ratschläge. David Brearley stellte mir einen wesentlichen Teil der in meiner Publikation verwendeten Fotos zur Verfügung.

Die folgenden Museen überließen mir freundlicherweise Bildmaterial: Ny Carlsberg Glyptotek, Kopenhagen; Museo Vaticano, Rom; Cherchel Museum, Algier; British Museum, London; Museo Capitolino, Rom.

Einleitung

Kleopatra ist eine der berühmtesten, wenn nicht die berühmteste Frau der Antike. Dennoch hat ihre Geschichte vorwiegend legendären Charakter. Sie beruht zwar auf Tatsachen, wurde jedoch über die Grenzen des Glaubwürdigen hinaus ausgeschmückt und mit phantastisch anmutenden Anekdoten versehen. Vieles von dem, was wir über Kleopatra wissen, beruht auf der Propaganda ihres Gegners Oktavian, der sie und ihren Gefährten Marcus Antonius bekämpfte, um selbst die Vorherrschaft über das römische Imperium zu erlangen. Als er schließlich unter dem Namen Augustus die römische Welt beherrschte, konnte Oktavian es sich erlauben, seine Ansicht über Kleopatra zu relativieren. Hatte er sie zu ihren Lebzeiten als größte Feindin Roms bezeichnet, erkannte er nach ihrem Tod ihre edle Gesinnung und ihren Mut an. Diese aus der Zeit von Augustus' Herrschaft stammende ambivalente Einschätzung Kleopatras könnte zu den unterschiedlichen Betrachtungsweisen beigetragen haben, mit der moderne Zeitgenossen der Ägypterin begegnen. Für die einen ist sie die skrupellose, ehrgeizige Versucherin, für die anderen eine tapfere Königin, die dem übermächtigen Ehrgeiz ihrer Feinde zum Opfer fiel.

Wer Kleopatras Geschichte erzählen will, muß auch über Cäsar, Marcus Antonius und Oktavian schreiben, deren Karrieren alle mit Ägypten in Verbindung standen und deren Aktivitäten sich auch auf das damals ungeheuer reiche Land am Nil erstreckten. Daß dieses Königreich von einer Frau beherrscht wurde, spielte für den Verlauf der Geschichte wohl kaum eine entscheidende Rolle. Die Geschicke des römischen Imperiums und Ägyptens waren bereits untrennbar miteinander verknüpft. Zu dieser Frau jedoch unterhielten sowohl Cäsar als auch Marcus Antonius mehr als diplomatische Beziehungen. Promiskuität kann man der ägyptischen Königin wohl nicht vorwerfen. Es gibt keine Aufzeichnungen über weitere Liebhaber Kleopatras, Berichte über ihre Affären beschränken sich auf die beiden berühmten Römer. Letztere könnte Kleopatra benutzt haben, ihre eigenen Ziele mit römischer Unterstützung zu verfolgen. Sie blieb ihren Liebhabern und ihrem Andenken jedoch immer treu. Wäre sie die egozentrische, ehrgeizige Herrscherin gewesen, von der die Legenden berichten, hätte sie bei jeder erfolgversprechenden Gelegenheit die Seiten wechseln müssen – was sie nicht tat.

Als Königin Ägyptens war Kleopatra eine verantwortungsbewußte Herrscherin, die sich um das Wohl ihres Volkes sorgte. Sie war das erste Mitglied der Ptolemäerdynastie, das die ägyptische (Volks-) Sprache erlernte und der Religion des alten Ägypten ihre Referenz erwies, indem sie persönlich an rituellen Zeremonien teilnahm und sogar als Göttin Isis auftrat, später begleitet von ihrem Sohn Cäsarion, der in die Rolle des Göttersohns Horus schlüpfte. Auch Kleopatras Alleinherrschaft stellte einen Bruch mit dem Überkommenen dar. Ihre makedonischen Vorgänger auf dem ägyptischen Thron waren stets dem Brauch der Pharaonen gefolgt, ihre Kinder – Bruder und Schwester – miteinander zu verheiraten, damit immer ein Königspaar von höchster Abstammung regieren konnte. Es ist nicht bekannt, ob Kleopatra Cäsar – oder später Antonius – nach ägyptischem Ritus heiratete. Inoffiziell könnte sie ihre römischen Liebhaber als königliche Gefährten betrachtet und ihnen die Treue gehalten haben, indem sie sich keinen ägyptischen Ehemann suchte. In ihrer Jugend hatte sie miterlebt, wie Rivalitäten und Zerwürfnisse sie und ihre Geschwister einander entfremdeten und schließlich zu blutigen Auseinandersetzungen führten. Als Alleinherrscherin konnte Kleopatra beträchtlich mehr erreichen, ohne von Höflingen und Ratgebern eines möglichen Ehepartners mit unterschiedlichen Ansichten und Zielen behindert zu werden.

In Rom war Cäsar ebenfalls zu dem Schluß gelangt, daß die Herrschaft eines Einzelnen weit effektiver war – und hatte so letztendlich seinen eigenen Untergang mit eingeleitet. Kein Wunder, daß die Römer den autokratischen Tendenzen der ägyptischen Königin mit Mißtrauen begegneten. Oktavian machte sich diese Einstellung zunutze, als er Kleopatra öffentlich vorwarf, die ganze Welt beherrschen zu wollen. Dies strebte die ägyptische Königin allem Anschein nach jedoch nicht an. Vielmehr war ihr wohl daran gelegen, ein starkes, reiches Land mit einer wohlhabenden Bevölkerung zu regieren, das sie an ihre Kinder weitergeben konnte. Ihre expansiven Bestrebungen waren nicht grausamer oder barbarischer als das römische Vorgehen im Mittelmeerraum. Dennoch wurde Kleopatra als machtgierig und unersättlich dargestellt. Ihr Unglück bestand letztlich darin, daß ihre Interessen mit denen des römischen Reiches kollidierten, genauer gesagt mit denen eines Römers, der klarer als die meisten seiner Zeitgenossen erkannte, wie die Welt zu beherrschen war und dem Einfluß Roms unterworfen werden konnte: Oktavian.

1. Eine Prinzessin wird Königin

Als Alexander der Große im Jahre 323 v.Chr. starb, zerfiel das Weltreich, das er erobert und zusammengehalten hatte. Seine unmittelbaren Vertrauten und Unterführer begannen, die von Alexander beherrschten Gebiete in eigene Königreiche umzuwandeln. In den Nachfolgestaaten des Alexanderreichs – einige wurden über Jahrhunderte von den Dynastien der Diadochen, Alexanders politischer Erben, beherrscht, andere waren kurzlebiger – wurden in der Regel griechische Verwaltungs- und Regierungspraktiken auf der Grundlage bereits existierender Gepflogenheiten eingeführt. Dabei übernahmen die jeweiligen Machthaber örtliche Institutionen und Bräuche oder paßten diese ihrer Herrschaftsform weitgehend an.

Alexanders Freund Ptolemaios Soter überführte – oder besser entführte – den Leichnam seines verstorbenen Oberbefehlshabers nach Ägypten, das er dem rechtmäßigen makedonischen Statthalter Cleomenes gewaltsam entrissen hatte. Mit diesem Land hatte Ptolemaios eine gute Wahl getroffen. Es konnte leicht verteidigt werden, war autark, fruchtbar und reich. All jene Faktoren führten drei Jahrhunderte später dazu, daß die expandierende Weltmacht Rom Ägypten ihrem Imperium einverleibte, oder genauer gesagt ein aufstrebender römischer Anführer sich Ägypten restlos aneignete.

In den ersten zwei Jahrzehnten seiner Regierung unternahm Ptolemaios Soter nichts, um seinen Herrschaftsbereich auszuweiten. Statt dessen konzentrierte er sich darauf, sein Königreich gegen Aggressionen und Eroberungsgelüste seiner Rivalen zu verteidigen. Zu Beginn des 3. Jahrhunderts v.Chr. konnte er seine Macht auf Zypern und die Inseln in der Ägäis ausdehnen, die große Bedeutung für den Handel besaßen und ihrem Beherrscher ermöglichten, schwächere Nachbarstaaten zu kontrollieren. In Ägypten selbst verschmolz Ptolemaios makedonische Verwaltungspolitik und ägyptische Gepflogenheiten. Griechisch wurde zur Amtssprache erklärt, ohne jedoch die ägyptische Sprache völlig zu verdrängen. Auch Kultur und Religion der alten Ägypter verschwanden nicht. Ptolemaios' religiöse Orientierung entsprach seinem Selbstverständnis als griechischer König. Dennoch stellte er sicher, daß er und seine Nachfolger auch den uralten zeremoniellen Verpflichtungen der Pharaonen nachkamen, um einen möglichst nahtlosen Übergang zwischen den alten Herrschern des Landes und der neuen Dynastie zu gewährleisten. Deren Gründer respektierte die ägyptischen Überlieferungen, so esoterisch diese auch manchmal erscheinen mochten, und verankerte Ägypten stärker in der mediterranen Welt, indem er die Hauptstadt von Memphis nach Alexandria verlegte. Diese Stadt war von seinem Helden Alexander gegründet und nach ihm benannt worden. Hier ruhten auch die sterblichen Überreste des makedonischen Feldherrn.

Die makedonischstämmige Ptolemäerdynastie umfaßt weitere 13 Herrscher, die alle Ptolemaios hießen, sich jedoch durch ihre Beinamen voneinander unterschieden, wie beispielsweise der dritte Ptolemaios, der als Euergetes, also „Wohltäter" bekannt ist, oder der zwölfte Ptolemaios mit Beinamen Auletes, „der Flötenspieler" – Kleopatras Vater. Eine Sphinx aus Granit mit dem Kopf des Auletes wurde 1998 während der noch immer andauernden archäologischen Grabungen im Hafenbecken des alten Alexandria gefunden. Als Herrscher hatte Auletes keine glückliche Hand und genießt – möglicherweise zurecht – einen zweifelhaften Ruf. Obwohl seine Apologeten aus seinen politischen Maßnahmen vernünftige Ziele und Pläne für die Entwicklung Ägyptens herauslesen, scheint Auletes zu einem großen Teil von Selbstsucht angetrieben worden zu sein und sein Land vernachlässigt zu haben. Er gab riesige Geldsummen aus und mußte daher überall Kredite aufnehmen, vor allem bei reichen Römern. Später mußte er, um seine ursprünglichen Verpflichtungen begleichen zu können, neue Schulden in Rom machen. Hätte er zu unserer Zeit gelebt, wäre er über die Möglichkeiten, die ihm Kreditkarten, Bankkredite und Umschuldungsdarlehen geboten hätten, in Euphorie verfallen. Anscheinend ließ er sich durch seine immensen Verbindlichkeiten nicht aus der Ruhe bringen. Schließlich standen ihm die beträchtlichen Erträge seines reichen Landes zur Verfügung. Daß er auf diese Weise die Ressourcen Ägyptens im Übermaß beanspruchte, ja vergeudete, weckte den Widerstand der ägyptischen Bevölkerung, die sich vermutlich nur wenig um die weitreichenden Plänen ihres Herrschers kümmerte, aber feststellen mußte, daß die Früchte ihrer Arbeit andauernd dazu verwendet wurden, ihrem König ein luxuriöses Leben zu ermöglichen. Ptolemaios XII. Auletes verfügte wohl bereits zu Lebzeiten über ein ausgesprochen schlechtes Image, muß jedoch auch Eigenschaften besessen haben, die seine schlechten Charakterzüge wettmachten.

Münzportrait des Ptolemaios Auletes, Kleopatras Vater.

Als Königin von Ägypten hielt Kleopatra das Andenken ihres Vaters in Ehren. Wäre Auletes völlig unfähig oder übermäßig rücksichtslos gewesen, eine gerade auf den Thron gelangte Nachfolgerin wäre schlecht beraten gewesen, ihr Volk an ihre Abstammung zu erinnern. Vielleicht war Auletes auch Opfer ungünstiger Umstände, zumal Ägypten unter seiner Herrschaft von außen nie so bedroht war, daß er seine Schwächen mittels hervorragender militärischer oder diplomatischer Fähigkeiten hätte kompensieren können.

Als Ptolemaios XII. Auletes im Jahre 80 v.Chr. an die Macht gelangte, zeigten die Römer großes Interesse für den neuen Herrscher und sein Land. Rom war bereits in hohem Ausmaß in die ökonomischen und politischen Angelegenheiten des ägyptischen Staates verwickelt und wartete nur auf eine Gelegenheit zum Eingreifen. Auletes' Vorgänger hatte nur sehr kurze Zeit regiert; er war von Lucius Cornelius Sulla auf den Thron gesetzt und im gleichen Jahr von der Bevölkerung Alexandrias ermordet worden. Sein Nachfolger

Gnaeus Pompeius Magnus.

Auletes zeigte sich den Römern gewogen und hielt sich mit deren Unterstützung mehr als zwei Jahrzehnte an der Regierung. Im Jahre 58 v.Chr. zwangen ihn die Alexandriner jedoch zur Flucht, unzufrieden mit den Schulden ihres Königs und seinen engen Beziehungen zu der gefährlichen, auf Expansion angelegten Großmacht Rom. Natürlich suchte Auletes genau dort Zuflucht, als Gast derer, denen er alles verdankte: Reichtum, Thron und Leben.

Einer seiner bedeutendsten Gönner war Gnaeus Pompeius Magnus oder Pompeius der Große, der größte Heerführer seiner Zeit und damals in Rom nahezu allmächtig. Pompeius wollte sich jedoch nicht persönlich mit Auletes und seinen Problemen befassen. Als es in Ägypten unter Auletes' Tochter Berenike zum Aufstand kam, überließ es Pompeius daher seinen Unterführern im Osten, die Rebellion niederzuschlagen und Auletes wieder zu seinem Thron zu verhelfen. Er bat seinen treuen Untergebenen Aulus Gabinius, der sich gerade als Statthalter in Syrien aufhielt, Truppen nach Ägypten zu führen, den Streit der sich bekämpfenden Machtgruppen im Königshaus beizulegen und sicherzustellen, daß Auletes wieder eingesetzt wurde und auch weiterhin an der Macht blieb. Gabinius marschierte zuerst nach Judäa, wo er exakt das Gleiche vorhatte: einen Machtkampf zugunsten eines Rom geneigten Kandidaten zu entscheiden. Dieses Unternehmen nahm sich äußerst dubios aus, zumal Gabinius nicht einfach die Angelegenheit in Judäa in Ordnung brachte und dann nach Syrien zurückkehrte, sondern weiter nach Ägypten zog. Als römischer Statthalter Syriens hätte er fremde Territorien nur auf Befehl des Senats betreten dürfen. Auf Weisung des Pompeius ignorierte Gabinius diese Bestimmung. Als er deshalb bei seiner Rückkehr nach Rom vor Gericht gestellt wurde, ließ ihn sein Gönner jedoch fallen. Angeblich opferte Pompeius Gabinius seinem Ansehen als guter Staatsbürger, da sein eigener Einfluß zu schwinden begann. Immerhin heuerte er den besten Redner Roms zur Unterstützung seines Untergebenen an. Cicero ließ sich überzeugen, die Verteidigung zu übernehmen, allerdings ohne Erfolg, denn Pompeius' Gegner waren bereits zu mächtig.

Die ganze Episode des Jahres 56/55, offenbar ein Staatsstreich in Ägypten mit römischer Unterstützung, bleibt geheimnisvoll, da uns verläßliche Quellen fehlen. Alle Angaben über das Unternehmen geben wohl – im Interesse der Sieger – ohnehin nur die römische Sichtweise der Affäre wieder. Berenike war das zweite von sechs uns bekannten Kindern des Ptolemaios Auletes. Obwohl sie im Jahr 56 v.Chr. an die Macht kam, verhielt sich Rom passiv und beobachtete lediglich das Geschehen in Ägypten. Anscheinend wurde Berenikes Herrschaft erst dann als Bedrohung der römischen Sicherheit empfunden, als sie Archelaos von Pontos heiratete, einen alten Feind der Römer. Dies gab Anlaß zur Intervention und bot Pompeius die Chance, Ptolemaios aus Rom und aus der eigenen Umgebung zu entfernen. Denn jetzt konnte er den Ägypter in dessen reicher Heimat als gefügigen, Rom und insbesondere Pompeius dem Großen zu Dank verpflichteten Herrscher einsetzen.

Als Gabinius mit seinen Truppen in Ägypten erschien, kam es zu einigen kleineren Gefechten, die jedoch schnell zugunsten der Römer entschieden waren. Berenike wurde hingerichtet. Auch andere Mitglieder der Königsfamilie könnten an dem Versuch, Auletes vom Thron zu stoßen, beteiligt gewesen sein. Allerdings ist wohl unwahrscheinlich, daß alle Kinder des Königs sich für längere Zeit auf ein gemeinsames Vorgehen einigen konnten, ohne daß Streit ausbrach. Die älteste Tochter, Kleopatra VI., könnte ums Leben gekommen oder beseitigt worden sein, noch bevor der Aufstand losbrach. Die beiden überlebenden Söhne, beide mit Namen Ptolemaios, waren noch im Kindesalter. Die jüngeren Mädchen wuchsen gerade erst heran: Arsinoë war ungefähr elf Jahre alt, Kleopatra VII. etwa vierzehn. Diese Kleopatra ist die berühmteste aller Ptolemäerköniginnen und sollte die letzte ihres Geschlechts werden, bevor Oktavian/Augustus sich Ägypten als persönliche Domäne aneignete – unter dem Vorwand, es zur römischen Provinz zu machen. Kleopatra VII. war keine Spätentwicklerin. Von Anfang an scheint sie über beträchtliche Intelligenz verfügt zu haben, war schon in jungen Jahren umfassend gebildet und politisch interessiert. Sie könnte ihren Vater nach Rom begleitet und 58-55 v.Chr. dort gelebt haben – für eine Heranwachsende im Alter von zehn bis vierzehn Jahren ein prägender Lebensabschnitt, über den uns leider keine gesicherten Angaben vorliegen. Auch ihre Rolle bei der Rebellion ihrer Schwester ist unklar. Der Tod Berenikes könnte sie tief betroffen haben, wofür es allerdings keine gesicherten Anhaltspunkte gibt. Später, als Königin, warf sie ihrer Schwester angeblich Untreue vor, aber dabei mag es sich eher um politische Notwendigkeit als um einen Ausdruck echter Gefühle gehandelt haben. Kleopatra erkannte möglicherweise schon sehr früh den Wert einer abwartenden, neutralen Haltung, die es erlaubt, die Karten erst dann aufzudecken, wenn der Erfolg sicher ist. Mit 14 Jahren war sie alt und wohl auch gewitzt genug, die politischen Vorgänge zu durchschauen und die vorherrschenden ökonomischen und politischen Motive der Politik des Pompeius (und aller anderen mächtigen Römer, die auf ihn folgten) zu erkennen. Vor allem aber muß ihr bewußt geworden sein, daß die Wiedereinsetzung ihres Vaters mit römischer Unterstützung, die Beseitigung ihrer Schwester Berenike und das geringe Alter ihrer Brüder sie zu einer bedeutenden und potentiell mächtigen Persönlichkeit machten.

Ob und in welchem Umfang Auletes Kleopatra auf eine mögliche Thronfolge vorbereitete, ist nicht bekannt. Es gibt Hinweise, daß sie aufgrund ihrer Bildung früh schon als Herrscherin vorgesehen war. Allerdings handelt es sich dabei um Angaben, die erst nach ihrer Thronbesteigung gemacht wurden, also nur wenig Beweiskraft haben. Im „Alexandrinischen Krieg“ schreibt dessen Autor, vermutlich Hirtius, der sich auf Aufzeichnungen aus dem Nachlaß Cäsars stützt, Auletes habe in seinem Testament verfügt, sein älterer Sohn Ptolemaios solle Ägypten gemeinsam mit seiner Schwester Kleopatra regieren. Angeblich appellierte Auletes an das römische Volk, diesen Wunsch nach seinem Tod zu achten und den Thronanspruch der designierten Erben zu unterstützen. Dabei könnte es sich allerdings um propagandistisch gedachte Angaben Cäsars handeln, um so Ägyptern wie Römern zu suggerieren, die Ernennung Kleopatras zur Königin des Lands am Nil entspreche dem letzten Willen des verstorbenen Herrschers. Die Ägypter beruhigte vermutlich, daß Kleopatras Inthronisierung nicht nur von einem unwillkommenen römischen General durchgesetzt wurde, sondern auch dem ausdrücklichen Wunsch Ptolemaios' XII. entsprach. Der angebliche Appell des Auletes an die Römer mochte andererseits in Rom Cäsars Eingreifen in Ägypten rechtfertigen. Mutmaßungen über die Absichten des Ptolemaios Auletes und die Motive Julius Cäsars ändern jedoch nichts an der Tatsache, daß Kleopatra ab 55 v. Chr. das älteste von vier überlebenden Kindern des ägyptischen Königshauses war und – ob als Thronfolgerin vorgesehen oder nicht – wohl eigene Zukunftspläne und Vorstellungen von ihrer Rolle in Ägypten hatte, als ihr Vater starb.

Ihrer hohen, aber unsicheren Position bewußt und vorsichtig bemüht, die Bewohner Alexandrias nicht durch zu enge Verbindungen mit den römischen Gästen zu erzürnen, die ihren Vater wieder zu seinem Thron verholfen hatten, ließ sich Kleopatra wohl kaum herab, öffentlich Notiz von Aulus Gabinius oder von dessen jungem Reiteroffizier zu nehmen, der gerade ganz Alexandria mit seiner überwältigenden Großzügigkeit, seiner enormen Trinkfestigkeit und seinem athletischen Körperbau beeindruckte. Marcus Antonius war zu dieser Zeit 25 Jahre alt. Er hatte den Einmarsch der Römer aus Syrien angeführt und Pelusium im Osten des Nildeltas erobert, bevor der Rest von Gabinius' Armee nachfolgte. Vor allem aber hatte er den Ausbruch eines neuen Bürgerkriegs abgewandt und den inneren Frieden Ägyptens wiederhergestellt, indem er Auletes daran hinderte, mit einem Massaker unter Berenikes Anhängern Rache für seine Vertreibung zu nehmen. Antonius entstammte einer verarmten römischen Adelsfamilie, deren Schicksal es gewesen war, in den zahlreichen Machtkämpfen und politischen Auseinandersetzungen, die Rom beherrschten, ständig auf der Seite der Verlierer zu stehen. Antonius hatte eine ausschweifende, unrühmliche Jugend hinter sich und ging einer ungewissen Zukunft entgegen. Er hatte sich bereits einen Namen als verkommenes Subjekt gemacht, besaß kein Vermögen, hatte jedoch immense Schulden und in Rom keine bedeutenden oder einflußreichen Förderer, statt dessen aber zahlreiche zwielichtige Freunde und Kumpane. Anscheinend ohne den Ehrgeiz, eines Tages die Welt zu regieren, stürzte sich Antonius leidenschaftlich in jedes Abenteuer, das das Schicksal für ihn bereithielt und lebte sein Leben aus dem vollen. Weibliche Formen zogen ihn an; darin war er seinen Kameraden gleich, ja er tat sich geradezu als Frauenheld hervor. Als Realist erlaubte er sich damals allerdings wohl nicht, an ein lebenslanges Verhältnis mit einer ägyptischen Prinzessin zu denken. Vermutlich gehörte es auch nicht zu den ehrgeizigen Zielen dieser Prinzessin, sich einem gutgebauten, dem Wein zugeneigten Reiteroffizier ohne politischen Einfluß oder nennenswertes Vermögen um den Hals zu werfen. Antonius und Kleopatra hatten sich zu jenem Zeitpunkt nichts zu bieten. Falls es damals tatsächlich zu einem ersten Zusammentreffen der beiden kam, dann nur unter Wahrung der Form und in äußerst begrenztem Rahmen. In diesem Fall nahm wohl jeder der beiden kaum mehr als einen Namen und ein Gesicht wahr.

Im Land stationierte römische Truppen unterstützten Auletes während seiner letzten Regierungsjahre. Die Soldaten, die Gabinius bei seiner Rückkehr nach Syrien in Ägypten zurückließ, gründeten mit einheimischen Frauen Familien. Für die Römer stellte dies eine erschreckende Pflichtverletzung dar. Soldaten war es verboten, zu heiraten. Ebenso waren nach römischem Gesetz Ehen zwischen römischen Bürgern und Ausländern illegal. Für Auletes dagegen brachten die Beziehungen der Legionäre zu Ägypterinnen beträchtliche Vorteile, da so die römischen Einheiten dauerhaft an sein Königreich gebunden wurden. Er integrierte die Legionäre in sein Heer und setzte sie mit Erfolg ein. Cäsar spielt in seinem Bericht über den Krieg in Alexandria nach der Niederlage des Pompeius auf Unruhen im Land an. Er spricht davon, daß die Soldaten des Gabinius die Ägypter im Namen des Auletes bekämpften. Es ist unwahrscheinlich, daß sich Cäsar hier auf einen regelrechten Bürgerkrieg bezieht. Es könnte aber über Auletes' Abgabenpolitik und die drängenden Forderungen der römischen Geldverleiher durchaus zu Protesten und Ausschreitungen gekommen sein, bei denen römische Soldaten Polizeiaufgaben übernahmen und die Menge im Zaum hielten.

Auletes erkrankte vermutlich Anfang 51 v.Chr. und starb noch im Frühjahr. Sein Todesdatum ist nicht genau bekannt. Papyrusaufzeichnungen deuten darauf hin, daß sein 30. und letztes Regierungsjahr gleichzeitig als das erste Jahr von Kleopatras Herrschaft gezählt wurde, was zu belegen scheint, daß beide für kurze Zeit gemeinsam regierten. In der Regel begann unter den Ptolemäern eine neue Zeitrechnung, wenn ein Herrscher starb und ihm ein anderer auf den Thron folgte. Die Papyrusfunde sprechen gegen die These, daß Kleopatra erst nach Auletes' Tod ihr Erbe antrat. Die Aufzeichnungen lassen anderes vermuten, etwa daß Auletes sein Ende herannahen fühlte und den Ägyptern Kleopatra durch ihre Ernennung zur Mitregentin noch zu seinen Lebzeiten unmißverständlich als Nachfolgerin empfehlen wollte. Noch weitergehende Ansichten wurden vertreten, etwa von Michael Grant, der annimmt, Kleopatra habe den Tod ihres Vaters geheimgehalten, bis sie sich als Königin etabliert hatte. Wie dem auch sei, Kleopatra scheint eine Weile an der Seite ihres Vaters, dann kurze Zeit alleine geherrscht und anschließend die Macht mit ihrem zehn Jahre jüngeren Bruder Ptolemaios XIII. geteilt zu haben.

Von Beginn ihrer Regierungszeit an erwies sich Kleopatra als energische und selbstbewußte Herrscherin mit klaren Zielvorstellungen. Sie förderte die ägyptische Lebensart und legte großen Wert auf die Erhaltung kultisch-religiöser Praktiken. Es gibt – allerdings nicht unumstrittene – Hinweise darauf, daß Kleopatra im März 51 nach Oberägypten reiste, um an der Zeremonie zur Weihe des heiligen Stiers Buchis in Hermonthis teilzunehmen. In vielen Teilen Ägyptens betrachtete man Stiere als heilige Tiere und lebende Symbole der Götter. Die Bürger von Memphis hatten einen eigenen heiligen Stier namens Apis. Wenn das betreffende Tier starb, wurde ein neues an dessen Stelle eingesetzt, erhielt den heiligen Namen und wurde bis an sein Ende verehrt. Eine Inschrift aus Hermonthis deutet an, daß Kleopatra, als Königin und Herrin beider Reiche (Ober- und Unterägypten) bezeichnet, die Barke des Amon-Re auf dem Nil ruderte, in der sich der heilige Stier befand. Man hat dies als figurative Umschreibung der Zeremonie gedeutet, um Kleopatra in Abwesenheit zu ehren, es gibt allerdings keinen stichhaltigen Grund, an ihrer Teilnahme an der Zeremonie zu zweifeln. Auf diese Weise bekundete die Königin ihr persönliches Interesse am Wohlbefinden ihrer ägyptischen Untertanen und gewann die Sympathie der Bevölkerung Oberägyptens, die ihr dann später auch

Stele aus Hermonthis in altägyptischem Stil. Abgebildet ist die Weihe des heiligen Stiers Buchis.

Zuflucht gewährte, als ihr Bruder sie aus Alexandria vertrieb. Vor Kleopatras engültiger Niederlage an der Seite ihres Gefährten Antonius erklärte sich das Volk gar bereit, gegen ihren Widersacher Oktavian zu den Waffen zu greifen, um seine Königin zu verteidigen. Zweifel an der Teilnahme Kleopatras an der Zeremonie von Hermonthis und weiteren, nicht durch archäologische Erkenntnisse gesicherten kultischen Feiern sind jedenfalls nicht angebracht.

Kleopatra scheint anfangs gezögert zu haben, die Macht mit ihrem Bruder zu teilen. In den ersten drei Jahren ihrer Herrschaft findet sich kein Hinweis auf Ptolemaios XIII. Die Papyrus-Texte nennen Kleopatras drittes Regierungsjahr auch das erste der Herrschaft ihres Bruders Ptolemaios. In der Zeit ihrer Alleinherrschaft ließ die Königin Münzen prägen, die nur ihr Abbild zeigten – ein in dieser Form noch nie dagewesenes Ereignis. Bisher besaßen die Herrscherinnen Ägyptens zwar erhebliche Macht, regierten jedoch immer an der Seite eines königlichen Gefährten. Es ist bezeichnend, daß Ptolemaios XIII. erst als Mitregent genannt wurde, als Kleopatra in Schwierigkeiten geriet. Vor allem im Verhältnis zu Rom spitzte sich die Lage damals bedrohlich zu. Nachdem sie dem römischen Feldherrn Marcus Crassus 53 v. Chr. eine vernichtende Niederlage beigebracht hatten, drohten die Parther im Gegenzug Calpurnius Bibulus, dem römischen Statthalter von Syrien im Jahr 51 mit einem Einfall in seine Provinz. Letztendlich fiel der Angriff der Parther weniger stark aus als erwartet, aber als Bestandteil seiner Vorbereitungen zur Abwehr der Feinde beschloß Bibulus, die in Ägypten verbliebenen ehemaligen Truppen des Gabinius, die ursprünglich in Syrien stationiert gewesen waren, zurückzurufen. Er entsandte seine beiden Söhne nach Ägypten, um den Abmarsch der Soldaten aus Gabinius' Heer zu überwachen. Diese Legionäre waren jedoch in Ägypten seßhaft geworden und in der Zwischenzeit nicht mehr bereit, Heim und Familie zu verlassen. Um ihre Weigerung zu unterstreichen, töteten sie die beiden jungen Römer. Kleopatra ließ die Haupttäter verhaften und schickte sie als Gefangene zu Bibulus. Dieser ergriff glücklicherweise keine Maßnahmen gegen Ägypten selbst, sondern handelte mit äußerster Korrektheit und ließ die Gefangenen nach Rom bringen, wo sie vor dem Senat des Mordes angeklagt wurden. Offensichtlich machte er Kleopatra nicht für die Rebellion der römischen Legionäre in Ägypten verantwortlich. Zumindest ließ er sich dies in der Öffentlichkeit nicht anmerken. Im Stillen mag Bibulus einen beträchtlichen Groll gegen die ägyptische Königin gehegt haben. Dabei könnte es sich anfangs um eine einfache Abneigung gehandelt haben, die sich nach der Schlacht von Pharsalos vertiefte, als sein Todfeind Julius Cäsar bei Kleopatra in Alexandria weilte.

Die neue Königin war wohl erleichtert, nicht für den Mord an den beiden jungen Römern zur Rechenschaft gezogen zu werden. Auch der Vorwurf, sie sei nicht in der Lage, ihre Soldaten unter Kontrolle zu halten, blieb ihr erspart. Zu diesem Zeitpunkt bedurfte sie jeder verfügbaren Unterstützung, da sie sich mit beträchtlichen innen- und außenpolitischen Problemen konfrontiert sah. Aufgrund der Mißernten des Jahres 50 drohte eine Hungersnot. Unruhen und Ausschreitungen waren zu befürchten. Kleopatra ließ den Getreideanbau überwachen und gab Anweisung, die gesamte Ernte Mittelägyptens nach Alexandria zu bringen, und nicht wie gewöhnlich nach Ober- und Unterägypten. Dabei handelte es sich vor allem um eine Sicherheitsmaßnahme. Die Bewohner Alexandrias waren stets zum Aufruhr bereit. Sie hatten Ptolemaios XI. ermordet und Kleopatras Vater ins Exil getrieben. Daher war es nicht ratsam, sich auf das Wohlverhalten der Alexandriner zu verlassen. Während sie die Nahrungsversorgung der Hauptstadt sicherstellte, kümmerte sich die Königin um einen weiteren potentiellen Unruheherd. Spätestens jetzt setzte sie nämlich ihren jüngeren Bruder als Mitregenten ein, um den heiligen Gebräuchen des Landes zu entsprechen und den Verdacht zu zerstreuen, sie beabsichtige für alle Zeiten alleine zu herrschen. Ausschlaggebend für diese Maßnahme war vielleicht auch das Bewußtsein, nicht nur von den Bewohnern der ägyptischen Hauptstadt mißtrauisch beobachtet zu werden. Die Römer verfolgten das Geschehen in Ägypten genau. Im Sommer des vorangegangenen Jahres hatte die Nachricht von Auletes' Tod auch Rom erreicht. Dort wußte man sicher auch, daß Kleopatra ihren Bruder Ptolemaios XIII. noch nicht als gleichberechtigten Herrscher anerkannt hatte. Dessen Jugend oder andere Gründe, ihm die Königswürde vorzuenthalten, konnte sie aber nur eine begrenzte Zeit lang als Rechtfertigung für ihre Alleinherrschaft vorbringen.

Die Ereignisse des Jahres 50 v.Chr. könnten jedoch auch anders gedeutet werden. Wie Michael Grant darlegt, könnte das königliche Verbot, Getreide nach Ober- und Unterägypten zu bringen, darauf hinweisen, daß Ptolemaios und seine Höflinge bereits zu dieser Zeit die Oberhand gewonnen hatten und die Auseinandersetzung zwischen Kleopatra und ihrem Bruder, deren Zeuge Cäsar nach der Schlacht von Pharsalos bei seiner Ankunft in Alexandria wurde, schon begonnen hatte. Daher ist die Ansicht zulässig, Ptolemaios sei in Alexandria an die Macht gelangt und habe Kleopatra aus der Hauptstadt verbannt. In diesem Fall stellte die königliche Aufsicht über die Nahrungsversorgung keine Vorsichtsmaßnahme dar, um die Bevölkerung von Alexandria unter Kontrolle zu halten, sondern einen Versuch des jungen Herrschers und seiner Ratgeber, Kleopatras Anhänger im Rest des Landes auszuhungern und sich auf eine drohende Belagerung der Hauptstadt durch ihre Truppen vorzubereiten. Als Cäsar im Jahr 48 v.Chr. nach Ägypten kam, war der Konflikt zwischen den königlichen Geschwistern bereits voll entbrannt. Den Ausbruch des Streits schon zwei Jahre früher zu vermuten, hieße jedoch, auf der Basis unzureichender Indizien Spekulationen anzustellen.

An dieser Stelle erscheint es notwendig, sich mit Kleopatras Herkunft und ihren Wurzeln zu beschäftigen, ihrem makedonischen und ägyptischen Erbe. Eines der größten und geheimnisvollsten Rätsel, die sich um die antike Herrscherin ranken, betrifft ihre Mutter, deren Identität ebenso unbekannt ist wie die ihrer Großmutter, was zu den unglaublichsten Spekulationen geführt hat. Angeblich stammte Kleopatras Mutter aus Syrien und heiratete Auletes entweder heimlich oder war eine der Konkubinen des Königs. Keine der in Umlauf befindlichen Thesen scheint indes plausibel. Mögliche Erklärungen lediglich zu verwerfen, bringt uns jedoch der Wahrheit auch nicht näher. Anscheinend wurde Kleopatra zu keiner Zeit uneheliche Abstammung oder illegitime Machtausübung vorgeworfen. Selbst ihre römischen Feinde bedienten sich in ihrer Propaganda niemals eines derartigen Arguments. Eine andere These geht davon aus, daß die Mutter der Königin aus Äthiopien oder Schwarzafrika stammte und Kleopatra daher griechische, ägyptische und afrikanische Elemente in sich vereinigte. Uns liegen jedoch zu wenige gesicherte Angaben vor, um wirklich eine Aussage darüber treffen zu können. Zudem läßt keine römische Quelle und keine der erhaltenen Abbildungen Kleopatras darauf schließen, daß es sich bei der Königin um eine Schwarze handelte. Auch wenn es im alten Rom keine Rassenvorurteile ähnlich denen des 20. Jahrhunderts gab, hätte Oktavian/Augustus dies mit Sicherheit für seine aggressive Agitation ausgeschlachtet. Womit wir uns abfinden müssen, ist folgendes: Es gibt keine gesicherten Hinweise auf Kleopatras wahre Abstammung. Unser Bild von der Königin ist von unseren Vorstellungen geprägt. Diese Aura des Geheimnisvollen hätte ihr zu Lebzeiten wohl zugesagt.

Von ihrem Vater erbte Kleopatra eine ausgeprägte Hakennase, die auf einigen – manchmal wenig schmeichelhaften – Münzabbildungen der Königin deutlich zu erkennen ist. Ihre Büsten zeigen dieses auffallende Merkmal nicht immer. Allerdings konnten nicht alle ihre Portraits eindeutig identifiziert werden. Nichtsdestotrotz zeigen die allgemein anerkannten Abbildungen und Büsten keine Frau von besonderer Schönheit. Die antiken Geschichtsschreiber stellten fest, Kleopatra sei keine auffallend schöne Erscheinung gewesen, habe aber ihre körperlichen Mängel durch angenehme Umgangsformen in Verbindung mit Intelligenz und Bildung mehr als wettgemacht.

Das Königreich, dessen Thron Kleopatra erbte, war bereits Jahrtausende alt und wurde von einer althergebrachten, sich auf alle Be-

Ein Münzportrait Kleopatras, das sie mit der für sie typischen Frisur und der auffallenden Hakennase zeigt, die sie von ihrem Vater geerbt hatte.

reiche des Lebens erstreckenden und zentralistisch ausgerichteten Administration beherrscht. Die geographische Geschlossenheit des Landes erleichterte die Kontrolle, und die Abhängigkeit all seiner Bewohner vom jährlichen Nilhochwasser erzeugte fundamentale gemeinsame Bedürfnisse, die nach Koordination durch eine zentrale Behörde verlangten. Dieser grundlegende gesellschaftliche Konsens brachte es mit sich, daß das Zusammenleben von griechischen, ägyptischen, jüdischen und anderen Bevölkerungsteilen besser funktionierte als anderswo. Schon vor der Eroberung des Landes durch Alexander den Großen hatte es in Ägypten bedeutende grie-

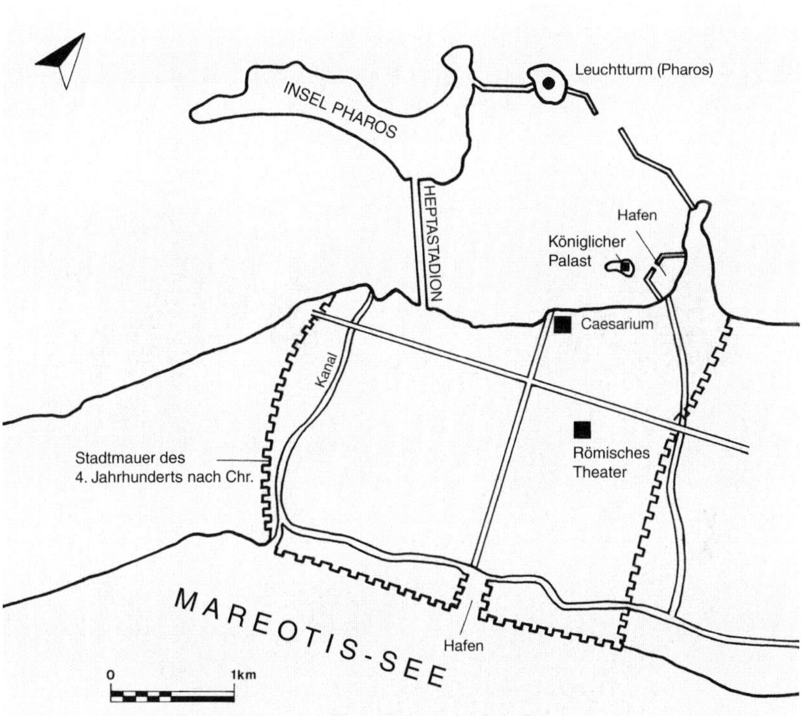

Stadtplan von Alexandria. Erkennbar sind die Hauptstraßen, der Leuchtturm von Pharos und der Königliche Palast auf einer kleinen Insel in der Hafenbucht. Die Stadt liegt geschützt zwischen der Küste und dem Mareotis-See, einem Binnensee am Rand des Nildeltas. Im 4. Jahrhundert n.Chr. zerstörte ein Erdbeben die meisten der am Ufer gelegenen Gebäude. Der berühmte Leuchtturm von Pharos, eines der Sieben Weltwunder der Antike, wurde im 15. Jahrhundert endgültig zerstört. Er befand sich auf der nach ihm benannten Insel an der Westseite der großen Hafenanlage.

chische Siedlungen gegeben. Die Stadt Naukratis etwa war eine griechische Handelsniederlassung, deren Wurzeln bis zur Ansiedlung griechischer Kolonisten im 7. Jahrhundert v.Chr. reichten. Weitere hauptsächlich von Bürgern griechischer Abstammung bewohnte Städte waren Paraitonion, von Alexander dem Großen am Westrand des Nildeltas gegründet, und Ptolemais, eine Gründung des Ptolemaios I. Soter.

Die größte Stadt des Landes aber war Alexandria, das Alexander im Jahr 332 v.Chr. nach einem Plan des griechischen Architekten Deinokrates hatte errichten lassen. Alexandria war eine Neugründung. An seinem Standort im nordwestlichen Bereich des Nildeltas hatte sich zuvor nur ein Dorf namens Rhakotis befunden. Die Stadtplaner machten sich alle im 4. Jahrhundert v.Chr. neuen oder gerade aufkommenden architektonischen Ideen zunutze. Die Stadt ließ sich durch ihre Lage auf einem Landstreifen zwischen der Mittelmeerküste und dem Mareotis-See leicht verteidigen. Die Küste war jedoch ziemlich gefährlich für die Seefahrt, bis Ptolemaios I. Soter den großen, *Pharos* genannten Leuchtturm auf einer nahe beim Land gelegenen Insel errichten ließ, die ebenfalls den Namen des berühmten Bauwerks erhielt. Viele Abbildungen des Leuchtturms von Pharos, eines der Sieben Weltwunder, sind uns auf römischen Münzen, als antike Mosaiken und Gemälde erhalten. 1997 entdeckten französische Unterwasserforscher das Fundament des Bauwerks; ihre Ausgrabungen dauern noch an. Die Insel Pharos war in der Antike durch das Heptastadion, einen künstlichen Damm, mit dem Festland verbunden. Zu beiden Seiten der künstlichen Befestigung befanden sich die Hafenanlagen.

Alexandria war schon immer eine einzigartige Stadt, die eigenen Gesetzen folgte. Die meisten Hauptstädte der modernen Welt heben sich in gewissem Umfang von ihrem Umland ab, hauptsächlich durch die bunte, internationale Zusammensetzung ihrer Bevölkerung. Diese Exklusivität der Kapitale war im alten Alexandria besonders stark zu spüren. Man gebrauchte damals die Redewendung, von Alexandria nach Ägypten zu reisen – was modernen Betrachtern seltsam erscheinen muß. Von London nach England zu gehen oder von Paris nach Frankreich scheint absurd – aber gerade diese Absurdität unterstreicht das Bewußtsein der Einzigartigkeit, das die alten Alexandriner pflegten. Ihre Stadt wurde vermutlich von den Ptolemäern – später auch von den Römern – einer eigenen, von der Verwaltung des restlichen Ägyptens unabhängigen Behörde unterstellt. Die römischen Statthalter bezeichneten sich dementsprechend als Präfekten von Alexandria und Ägypten.

Alexandria lebte vom Handel mit den Mittelmeerländern, Schwarzafrika und Äthiopien. Es profitierte von der Zerstörung der bedeutenden Handelsstadt Tyros durch Alexander den Großen, die den phönizischen Seehandel zum Erliegen brachte. Im Jahr 146 v.Chr. machten die Römer Karthago und Korinth dem Erdboden gleich. Obwohl die Alexandriner möglicherweise auf der Seite der Bewohner dieser Städte standen, hatten sie keine Skrupel, aus dem zusätzlichen Geschäft Gewinn zu schlagen, das sich durch den

Wegfall der Konkurrenz ergab. Dio von Prusa behauptet, Alexandria habe den Handel fast der ganzen Welt beherrscht und im Mittelmeer ein Seehandelsmonopol errichtet. Mit seiner Aussage hat der Geschichtsschreiber wahrscheinlich nur geringfügig übertrieben. Alexandria war seinerzeit wohl die größte Stadt der antiken Welt. Auf ihren Straßen herrschte ein Gewirr von Menschen verschiedenster Rassen und Nationen. Die Bevölkerung setzte sich vor allem aus Ägyptern und Griechen zusammen, gefolgt von einer großen jüdischen Minderheit, die sich hauptsächlich um den Königspalast herum angesiedelt hatte. Zwischen den verschiedenen ethnischen Gruppen kam es immer wieder zu Auseinandersetzungen. Die Bevölkerung als Ganzes war immer sehr unruhig, die Lage in der Stadt häufig explosiv. Mehrere der Ptolemäerherrscher hatten zu extremen Maßnahmen greifen müssen, um die Ordnung in Alexandria aufrechterhalten zu können. Es war eine Stadt der Extreme: Vergnügungen, dekadente Ausschweifungen und Laster waren ständig gegenwärtig. Es gab aber auch das Museum, das der großen, berühmten Bibliothek angeschlossen war. Diese zog Philosophen, Dichter und Künstler aus dem ganzen Mittelmeerraum nach Alexandria, wo sich allmählich die größte Ansammlung von Forschern und Schriftgelehrten der zivilisierten Welt einfand. Es herrschte eine Gedanken- und Ausdrucksfreiheit, die es in dieser Form in Rom zu keiner Zeit gab.

Die Griechen in Ägypten folgten nicht dem Beispiel ihrer Vorfahren, eine Vielzahl voneinander unabhängiger Stadtstaaten zu bilden. Anders als in der angestammten Heimat, wo sich jede Polis vor allem nach außen, auf das ägäische Meer hinaus orientierte und die Vorstellung einer einheitlichen Nation mit festem Staatsgebiet sich nur in äußerst begrenztem Umfang zu entwickeln vermochte, orientierte sich Ägypten nach innen, zum Nil hin, der es als Lebensader durchzog und teilte. Auch die umliegende Landschaft – die großen Wüsten östlich und westlich des Niltals – förderte den Zusammenhalt des Staates. Die griechische Bevölkerungsgruppe vermischte sich mit den einheimischen Ägyptern, was allerdings nicht ganz ohne Streitigkeiten abging, die im Extremfall sogar zu Mord und Totschlag führen konnten. Dabei handelte es sich jedoch eher um regional begrenzte Vorfälle. Die Alexandriner waren wesentlich unberechenbarer, da sie schon aufgrund ihrer großen Kopfzahl, ihrer Bevölkerungsmischung und der hohen Bevölkerungsdichte stärker zu impulsivem Verhalten neigten. Kleopatra war sich der

Kartusche mit dem Namen Kleopatras in ägyptischen Hieroglyphen.

Gefahr jedenfalls bewußt, die von den Bewohnern der Hauptstadt ausging. Wann immer sie konnte, beschwichtigte sie die Alexandriner, allerdings eher durch einer direkten Konfrontation vorbeugende Maßnahmen als durch nachträgliche Zugeständnisse.

Kleopatra bemühte sich, alle Völker in und um Ägypten herum zu verstehen und gute Beziehungen zu ihnen zu unterhalten. Als erstes Mitglied der Ptolemäerdynastie lernte sie Ägyptisch, um sich mit ihren Untertanen in deren Muttersprache unterhalten zu können. Nach Plutarch, der in seiner Antonius-Biographie über Kleopatra schrieb, beherrschte sie neben Griechisch und Ägyptisch mehrere andere Sprachen, darunter Äthiopisch, Hebräisch, Aramäisch, Syrisch, Medisch und Parthisch. Dies waren die Sprachen der bedeutendsten Völker im Umfeld Ägyptens, mit denen die Königin diplomatisch verkehrte oder Handelsfragen diskutierte. Ihr Vater könnte sie – als Bestandteil seiner Zukunftspläne für Ägypten – ermutigt haben, diese Sprachen zu lernen. Auletes hatte Handelsverbindungen mit dem Osten – über das Rote Meer und den Indischen Ozean – gefördert oder zumindest nicht behindert. Sein unseliger Ruf läßt allerdings nicht vermuten, daß Kleopatras Vater eine weitblickende, zukunftsorientierte Politik betrieb. Das erzwungene Bündnis mit Rom brachte jedoch mit sich, daß die Römer alle bedeutenden Aktionen ihrer *amici*, ihrer „Freunde und Verbündeten" genau prüften, auch wenn es sich nicht um außenpolitische, sondern ausschließlich um innere Angelegenheiten handelte und die Verbündeten sich dieser Überwachung nur widerwillig fügten. Falls Kleopatra daher Expansionspläne oder Vorstellungen über die weitere Entwicklung ihres Lands von ihrem Vater geerbt hatte, mußte sie diese den Wünschen Roms unterordnen. Die wichtigsten Sprachen des Ostens zu lernen, könnte von Anfang an Kleopatras Idee gewesen sein. Vielleicht wollte sie sich bei Verhandlungen mit ausländischen Delegationen nicht auf Dolmetscher verlassen müssen. Kleopatras Zusammenkünfte mit Ausländern waren nicht unbedingt immer politisch motiviert. Die Königin hatte ein auffälliges Gespür für finanzielle Angelegenheiten und lauerte ständig auf profitable Geschäfte und Unternehmungen. Gerade aus diesem Grund war es wohl von besonderer Wichtigkeit für sie, genau zu verstehen, was gesagt wurde. Andernfalls wäre es ihr wie jemandem gegangen, der in unserer Zeit versucht, einen Gebrauchtwagen zu kaufen, ohne die Landessprache zu verstehen und zu sprechen.

Plutarch macht indes keine Angaben darüber, ob Kleopatra Latein beherrschte. Dies erscheint um so seltsamer, als sie fast ihr ganzes Leben lang mit Römern Kontakt hatte. Vielleicht war es für den Geschichtsschreiber jedoch selbstverständlich, daß Kleopatra Latein und Griechisch sprach. Selbst wenn die Königin in ihrer frühen Jugend kein Latein verstand, zwang sie die bevorstehende Begegnung mit Cäsar, dem führenden römischen Militär, im Jahre 48 v.Chr. wohl dazu, diese Sprache hinreichend zu erlernen, um bei dem Zusammentreffen mit dem Römer nicht ins Hintertreffen zu geraten. Falls Kleopatra aber tatsächlich Zeit ihres Lebens kein Wort Latein sprach, erfolgten ihre Gespräche mit Cäsar, Antonius und deren Freunden wohl auf Griechisch. Für die meisten der reichen und gebildeten Römer war die Beherrschung des Griechischen eine Selbstverständlichkeit. Da Kleopatra nur mit wohlhabenden und gebildeten Bevölkerungsschichten verkehrte, spielte es möglicherweise gar keine große Rolle, ob sie die Spitzfindigkeiten der lateinischen Sprache bzw. die Dialekte Italiens oder der Stadt Rom beherrschte.

Im dritten Jahr ihrer Herrschaft stand für Kleopatra weit mehr auf dem Spiel aus nur ihre Position an der Spitze des Staats. Ihr

Bruder Ptolemaios XIII. und seine Ratgeber zeigten sich zunehmend feindselig, je mehr Einfluß sie gewinnen konnten. Zu einem für uns nicht mehr genau feststellbaren Zeitpunkt flüchtete Kleopatra nach Oberägypten, offensichtlich entmachtet und möglicherweise gar von Ptolemaios' Beratern vom Thron gestoßen. Der einzige diesbezügliche, allerdings weit später entstandene Bericht stammt von einem byzantinischen Geschichtsschreiber namens Johannes Malalas, der eine Weltgeschichte von der Schöpfung bis zur Mitte des 6. Jahrhunderts n.Chr. verfaßte. Auf welche Quellen er sich beruft, vermerkt er allerdings nicht. Dennoch könnte seine Darstellung der Wahrheit entsprechen. Selbst wenn es sich dabei aber um eine Erfindung des Byzantiners handelt, stimmt seine Erzählung doch mit Cäsars kryptischen Angaben in dessen „Bürgerkrieg" überein. Dort stellt der römische Feldherr lapidar fest, Ptolemaios XIII. habe Kleopatra aus ihrem Königreich vertrieben.

Kleopatras Aufenthaltsort bis zu ihrer Rückkehr nach Alexandria ist unbekannt. Wahrscheinlich verließ sie Ägypten Ende 49 oder Anfang 48 v.Chr. Michael Grant behauptet, sie habe Zuflucht in der Philisterstadt Askalon gesucht, die traditionell enge politische Beziehungen zu Ägypten unterhielt, seitdem die Ptolemäer sie gegen die angriffslustigen Könige von Judäa unterstützt hatten. Es ist anzunehmen, daß Kleopatra von einer Anzahl Soldaten begleitet wurde oder plante, ein Heer aufzustellen, um ihre Rückkehr nach Ägypten zu erzwingen. Dies erforderte viel Zeit, Geld und große Anstrengungen. Bevor sie jedoch damit beginnen konnte, Truppen zu sammeln, verbesserten sich ihre Aussichten. Im August und September 48 v.Chr. kamen in Griechenland Ereignisse ins Rollen, die Kleopatras Schicksal entscheidend beeinflussen und ihr wieder zu ihrem Thron verhelfen sollten. In den Jahren 49 und 48 war die ganze römische Welt in den Machtkampf der beiden bedeutendsten Heerführer verwickelt. Cäsar und Pompeius hatten sich schon seit Jahren auf einen Bürgerkrieg zubewegt. Falls Kleopatra zwischen 58 und 56 v.Chr. mit ihrem Vater im römischen Exil war, mußte sie Pompeius begegnet sein, denn es war dessen Haus, in dem Auletes residierte. Alle Hoffnungen ihres Vaters, in seinem Königreich wieder an die Regierung zu gelangen, stützten sich auf jenen römischen Feldherrn. In diesem Fall mußte sie auch von dem Prokonsul Julius Cäsar gehört haben, unter dessen Oberbefehl die römischen Truppen in Gallien so viele Siege errangen. Zumindest legen dies Cäsars eigene, wohl auch zu Propagandazwecken verfaßte Berichte nahe.

Selbst wenn Kleopatra in Ägypten zurückgeblieben war, als ihr Vater außer Landes ging, hatte sie aufgrund der engen, lebenswichtigen Beziehung ihres Reiches zu den Römern mit Sicherheit von den obengenannten politisch-militärischen Führern und ihrem Verbündeten Marcus Licinus Crassus gehört, der einen Großteil der zur Erreichung der gemeinsamen politischen Ziele notwendigen materiellen Mittel aufbrachte.

Obwohl Cäsar, Pompeius und Crassus ihren inoffiziellen Pakt im Jahr 56 bei einem Zusammentreffen im norditalischen Lucca erneuert und bekräftigt hatten, zerbrach unvermittelt die Basis ihrer Übereinkunft. Die drei Römer hatten sich zusammengetan, um mit vereinten Kräften ihre eigenen Interessen zu fördern und die dazu nötigen Gesetze im Senat durchzusetzen. Persönliche Gemeinsamkeiten oder gar Sympathien gab es zwischen den drei Männern kaum. Pompeius hatte Cäsars Tochter Julia geheiratet. Die kurze Ehe war sehr glücklich, aber Julia starb 54 v.Chr. im Kindbett. Im Jahre 53 wurde Crassus auf einem Feldzug gegen die Parther getötet. Seine Eroberungsträume hatten sich zerschlagen, die römischen Provinzen im Osten blieben schutzlos zurück. Man kann zwar argumentieren, daß Julia und Crassus nicht die entscheidenden Bindeglieder des Bündnisses waren. Nach ihrem Tod standen sich die zwei mächtigsten Römer jedoch als unmittelbare Konkurrenten gegenüber, ohne durch dringende Aufgaben oder andere Rivalen abgelenkt zu werden.

Beide Feldherren hatten sich seit langem über die römischen Gepflogenheiten hinweggesetzt. Da die römische Regierung nicht an eine förmlich beschlossene und institutionell verankerte Verfassung gebunden war, ist es vielleicht nicht angebracht, von Verfassungsbruch zu reden, aber dieses Wort beschreibt exakt, was im Rom des 1. Jahrhunderts v.Chr. vor sich ging. In den alten Zeiten der Republik wurde die Statthalterschaft in den Provinzen nur für kurze Zeit vergeben. Auch Heere wurden nur kurzfristig aufgestellt, um bestimmte Kriege auszutragen, bevor sie wieder aufgelöst wurden. Seit den Tagen von Marius und Sulla und den Bürgerkriegen ihrer Zeit war es allerdings zu schleichenden Veränderungen der Verfassungsrealität gekommen. Der Weg zur Macht führte jetzt über die Statthalterschaft in den Provinzen. Aus den nur dem römischen Staat, dem Senat und Volk von Rom verpflichteten Heer waren mit der Zeit Privatarmeen geworden, die allein ihren Anführern die Treue hielten. Gefährliche Präzedenzfälle hatte es bereits gegeben.

Pompeius und Cäsar waren sich ihrer Möglichkeiten nur zu bewußt.

Einige Jahre konnte der Bürgerkrieg noch vermieden werden. Cäsar ließ sein Prokonsulat verlängern und blieb als Statthalter in Gallien, um die Eroberung des Landes zu vollenden. Pompeius hielt sich währenddessen in Rom auf und delegierte die Verwaltung seiner spanischen Provinz an Mittelsmänner. Ein solches Arrangement war bislang noch nicht dagewesen. Als Prokonsul in Spanien und Befehlshaber von Truppen war es Pompeius eigentlich nicht erlaubt, Rom zu betreten, ohne vorher seine Ämter niederzulegen. Es sollte jedoch noch schlimmer kommen. Im Jahr 52 kam es in Rom zu derartigen Unruhen, daß Pompeius zum alleinigen Konsul gewählt wurde – ein aufsehenerregender Verstoß gegen die politischen Bräuche in einer Stadt, in der bisher stets zwei Konsuln gemeinsam an der Spitze der Regierung gestanden hatten. Allmählich wandte sich Pompeius nun dem Lager von Cäsars Gegnern zu. Die bedrohliche Entwicklung, die zum Bürgerkrieg führen sollte, begann mit Versuchen, Cäsar aus seiner Provinz abzuberufen. Cäsar jedoch beabsichtigte nicht, sein Amt niederzulegen, ohne die Zusicherung zu erhalten, unmittelbar darauf zum Konsul gewählt zu werden. Vorschläge, Pompeius und Cäsar sollten gleichzeitig ihre Statthalterschaft abgeben und ihre Heere entlassen, trafen in der römischen Öffentlichkeit auf überwältigende Zustimmung und wurden von den Entscheidungsträgern der römischen Politik mit ebenso überwältigender Mehrheit ignoriert.

Pompeius war bei Ausbruch des Bürgerkriegs nicht auf eine bewaffnete Auseinandersetzung mit Cäsars Legionen gefaßt. Daher verließ er Rom und Italien in Richtung Griechenland, wo er seine Truppen sammelte und auf den Krieg vorbereitete. Cäsar konnte nun in Italien und Gallien nach eigenem Ermessen schalten und walten, wurde jedoch im Osten und Westen von den Armeen des Pompeius bedroht. Dessen treue Generale Afranius und Petreius waren mit ihren Truppen in Spanien stationiert. Pompeius selbst führte den Oberbefehl über die Legionen in Griechenland. Cäsar erfaßte die Situation mit einem Blick und beschloß, zuerst nach Spanien zu marschieren, um, wie er sagte, zuerst das Heer ohne Feldherrn zu schlagen, bevor er in Griechenland den Feldherrn ohne Heer angriff. Im Sommer des Jahres 48 v.Chr. stand er Pompeius in Griechenland gegenüber und besiegte ihn im August bei Pharsalos. Pompeius konnte mit knapper Not sein Leben retten und floh zu Schiff nach Ägypten, wo er aufgrund seiner guten Beziehungen Geld leihen und eine neue Armee aufstellen wollte. Er war kurz zuvor noch zum Vormund des jungen Ptolemaios XIII. ernannt worden und rechnete daher mit einem freundlichen Empfang.

Die Berater des ägyptischen Königs sahen dies jedoch anders. Gleich nach dem geschlagenen Pompeius würde der siegreiche Cäsar nach Ägypten kommen und den Krieg auf ägyptischem Boden fortsetzen. Dabei würde es vielleicht gar zur Beschlagnahme ägyptischer Finanzmittel und Ressourcen kommen. Die Römer schien es nicht zu kümmern, wo sie ihre Schlachten austrugen und wessen Reich sie dabei annektierten oder zerstörten. Ptolemaios' Ratgeber Potheinos und der Heerführer des Königs, Achillas, schlugen daher vor, Pompeius beseitigen zu lassen, um die Gefahr für das Land abzuwenden. Angeblich erklärte Achillus wörtlich: „Tote Männer beißen nicht." So kam es, daß Cäsar bei seiner Ankunft in Alexandria Kopf und Siegelring des Pompeius präsentiert wurden. Der Bürgerkrieg war damit eigentlich beendet. Die Alexandriner machten zudem deutlich, daß der römische Konsul mit seinen Truppen ihnen nicht willkommen war. Nun hätte sich Cäsar aus Ägypten zurückziehen können. Statt dessen beschloß er, im Land zu bleiben und sich unter dem Vorwand, die Schulden des Auletes einzutreiben, deren Gesamtbetrag er großzügig halbierte, in die ägyptische Innenpolitik einzumischen.

Jetzt war die Zeit für Kleopatras Auftritt gekommen. Es wird berichtet, sie sei – in einen zusammengerollten Teppich versteckt – von ihrem treuen Gefolgsmann Apollodorus zu Cäsar gebracht und zu dessen Füßen niedergelegt worden. Diese Geschichte klingt recht phantastisch, könnte jedoch der Wahrheit entsprechen. Wo auch immer sich Kleopatra befunden haben mag, als sie die Nachricht vom Sieg Cäsars bei Pharsalos erreichte, mußte sie sich doch augenblicklich über ihre Situation klargeworden sein. Mit ihren 21 Jahren war sie schon äußerst gerissen und erfahrener, als ihr Alter hätte erwarten lassen. Sie konnte sich nicht auf ein starkes Heer stützen und brauchte Hilfe, um ihren Thron wiederzugewinnen und ihre Herrschaft zu festigen. Als bedeutendster politischer Machtfaktor mußte zu jenem Zeitpunkt Cäsar gelten, der sich darüber hinaus mit einem Teil seiner Truppen gerade in Alexandria befand. Dies bedeutete jedoch, daß ihr Bruder Ptolemaios XIII. und seine Ratgeber unmittelbaren Zugang zu dem römischen Sieger von Pharsalos hatten. Jeden Augenblick konnte sich Cäsar zu Ptolemaios' Gunsten entscheiden, dem jungen König zu Dank verpflichtet, da dieser es auf sich genommen hatte, Pompeius im richtigen Moment beseitigen zu lassen. Allein deshalb stand Cäsar nun mit reinem Gewissen und, ohne daß er sich die Hände hatte schmutzig machen müssen, als der dominierende Politiker der römischen Welt da. Zudem gab es noch den jüngeren Bruder des Königs, den elfjährigen Ptolemaios XIV., und Kleopatras Schwester Arsinoë, die ungefähr 18 Jahre zählte. Diese beiden hatten bisher vielleicht keine Ansprüche auf den Thron angemeldet, aber besonders Arsinoë hatte bereits großen Ehrgeiz erkennen lassen. Selbst wenn sie alle Herrschaftsansprüche von sich wies, waren die möglichen Probleme noch lange nicht beseitigt. Im Königspalast gab es vermutlich viele einflußreiche makedonisch-griechische und ägyptische Beamte, die ihre eigenen Ziele unter Berufung auf eines der beiden Königskinder verfolgten. Streit zwischen den Machtgruppen im Königshaus konnte nicht ausgeschlossen werden.

Cäsar war augenscheinlich derjenige, an den man sich in dieser Situation mit der Bitte um Vermittlung und Unterstützung wenden mußte. Angeblich meldete Kleopatra ihre Ansprüche auf den ägyptischen Thron in schriftlicher Form bei ihm an. Dabei handelte es sich wohl nur um eine Vorsorgemaßnahme, falls es ihr nicht gelang, persönlich zu dem Römer vorzudringen. Die geringste Gefahr bestand darin, daß das Schreiben seinen Empfänger nicht erreichen konnte. Schlimmer war es jedoch, wenn der Brief in falsche Hände gelangte. Selbst wenn er an seinem Bestimmungsort ankam, war es möglich, daß das Schreiben zu Mißverständnissen führte. Daher war es für Kleopatra unbedingt erforderlich, selbst zu Cäsar zu gelangen, bevor sich andere Mitglieder des Hofes an ihn wandten. Sie mußte mit Cäsar alleine sprechen, nicht mit einem seiner Generale oder Bediensteten, schon gar nicht mit einem ägyptischen oder griechischen Beamten aus Alexandria. Allem Anschein nach traute Kleopatra niemandem außerhalb ihrer engsten Gefolgschaft. Sie mußte zu Cäsar, um ihre Ansprüche vorzutragen, und zwar direkt und schnell. Die Geschichte vom zusammengerollten Teppich ist in diesem Kontext durchaus glaubhaft. Selbst wenn sie nicht der Wahrheit entspricht, spielt das keine große Rolle. Mit nichts als ihrem Selbstvertrauen und beträchtlichem Charme ausgestattet, gelangte Kleopatra heimlich nach Alexandria, ging allen möglichen Gegnern aus dem Weg und traf auf Gaius Julius Cäsar. Noch mußten einige Probleme aus der Welt geschafft werden, aber von diesem Moment an war ihr Thron so sicher, wie dies in der damaligen Zeit nur möglich war. Im folgenden Jahr war sie bereits unangefochtene Königin von Ägypten.

2. Cäsar

Cäsars Anwesenheit in Alexandria versetzte die Bevölkerung der Stadt in noch größere Unruhe, als der Verdacht aufkam, der römische Feldherr beabsichtige, Kleopatra wieder zur Königin zu machen. Aus der Sicht der Alexandriner war dies ärgerlich genug. Dazu kam, daß Kleopatra resolut und zielstrebig war, schwer zu beeinflussen und nicht leicht unter Druck zu setzen. Nun schien es gar, als wolle Cäsar sie als Alleinherrscherin einsetzen, ohne einen Mitregenten zu ernennen. Das Schicksal der vier verbleibenden Erben des ägyptischen Throns lag in Cäsars Hand. Er mußte jetzt Entscheidungen treffen. Ptolemaios XIII. hatte er bereits in den Königspalast bringen lassen. Ob von Cäsar herbeigerufen oder nicht, jedenfalls erschien auch Kleopatra. Arsinoë und der jüngere Bruder Ptolemaios XIV. residierten ebenfalls im Palast. Jedes der Kinder des Auletes verfügte über einen eigenen Beraterstab. Die große Zahl der Bediensteten, Beamten, Berater und Höflinge mit unterschiedlichsten Loyalitäten schuf im Königspalast ein politisches Klima, das Intrigen geradezu herausforderte.

Cäsar mußte versuchen, eine Aussöhnung zwischen Kleopatra und Ptolemaios unter seiner Aufsicht herbeizuführen. Außer der Beilegung der Streitigkeiten in der ägyptischen Königsfamilie besaß er keinen stichhaltigen Vorwand, in Ägypten zu bleiben und hätte sich jetzt von dort zurückziehen können. Die Erfahrungen der Vergangenheit hatten ihn jedoch gelehrt, daß Rom und Ägypten gemeinsame Interessen hatten, denen nicht gedient war, wenn er sich aus den ägyptischen Thronstreitigkeiten herausgehalten und einfach den Ausgang des Machtkampfs abgewartet hätte. Jeder andere römische Befehlshaber hätte in dieser Situation wie Cäsar gehandelt und wäre im Land geblieben, um die Nachfolge des Auletes zu regeln. In diesem besonderen Fall können wir jedoch nur Vermutungen anstellen, worum es bei den Konferenzen, Verhandlungen und schließlich auch Bettgesprächen zwischen Cäsar und Kleopatra ging.

Beide hatten ein großes Interesse daran, Ägypten unter ihre Kontrolle zu bringen. Für Kleopatra gab es in diesem Punkt keine Kompromisse. Entweder herrschte sie alleine, oder sie war so gut wie tot. Daher riskierte sie alles, als sie Cäsar um Unterstützung bat. Lehnte der Römer ab und favorisierte er Ptolemaios XIII. und dessen bunt zusammengewürfelte Anhängerschaft, gab es niemanden mehr, an

Büste des Gaius Julius Cäsar.

den sie sich hätte wenden können. Es war klar, daß Ptolemaios im Verein mit seinen Beratern Potheinos und Achillas versuchen würde, sie beiseite zu schieben oder gar ermorden zu lassen. Daher brauchte sie Unterstützung, am besten militärische Hilfe, bis sie sich fest auf dem Thron etabliert hatte. Cäsar war gerade im Land und verfügte über ausreichend Truppen. Aus römischer Sicht kam der Erhaltung des Friedens höchste Priorität zu. Zu diesem Schluß führten nicht etwa humanitäre Überlegungen, sondern allein römisches Eigeninteresse. Ein schwaches, in einen Bürgerkrieg verstricktes Ägypten stellte für das römische Weltreich keine direkte Gefahr dar. Als Quelle unermeßlicher Reichtümer, die Rom eines Tages für sich zu beanspruchen gedachte, würde das Land jedoch ausfallen. Schlimmer noch: Im Zuge der Auseinandersetzungen konnte es geschehen, daß eine oder mehrere der Bürgerkriegsparteien Krieger aus anderen Ländern des Ostens zu Hilfe rief und so die Gefahr heraufbeschwor, daß fremde Mächte im Land Fuß faßten. Dies war den Römern um so bewußter, als sie sich selbst ähnlicher Taktiken bedient hatten, um neue Provinzen zu erobern und ihr Imperium zu vergrößern. Folgte einer der Könige oder Fürsten des Ostens dem Beispiel des ersten Ptolemaios und machte Ägypten zu seiner persönlichen Domäne, wäre Rom gezwungen gewesen, den neuen Machthabern mit äußerster diplomatischer Zurückhaltung zu begegnen. Daher war es besser, der Gefahr einer Okkupation Ägyptens durch eine fremde Macht von vornherein zu begegnen.

Selbstverständlich hatte Cäsar nicht nur altruistische Motive. Seinem Handeln lagen nicht nur übergreifende politische Überlegungen zugrunde, sondern auch handfeste private Interessen. Gelang es ihm, die ägyptischen Herrscher in Abhängigkeit zu bringen und sie sich zu Dank zu verpflichten, konnte er sich beträchtliche persönliche Vorteile verschaffen. Als private Domäne konnte Ägypten für einen römischen Politiker und Feldherrn große Bedeutung erlangen. Dies war schon Jahre zuvor Pompeius bewußt gewesen und führte später, nach der Schlacht von Actium, zur Inbesitznahme des Landes durch Oktavian.

In Ägypten spitzte sich die Situation nun dramatisch zu. Cäsar und Kleopatra waren bald nach ihrem ersten Zusammentreffen zu einem Paar geworden. Dies könnte zu Kleopatras Strategie gehört haben, den römischen General an sich zu fesseln und für ihre Sache zu gewinnen, aber auch von Cäsar geplant worden sein, um Kleo-

Kleopatra als junge Frau. Es handelt sich um eine nur wenig idealisierte Darstellung. Der Bildhauer beabsichtigte wohl, entgegen den Gewohnheiten seiner Zeit ein realistisches Portrait der Königin zu schaffen.

patra seinen Wünschen gefügiger zu machen. Andererseits könnte auch die gegenseitige erotische Anziehungskraft alle politischen Motive und Bedenken beiseite gedrängt haben. Cäsar war über 50 Jahre alt, war mehrfach verheiratet gewesen, erfahren, charismatisch und als Frauenheld bekannt. Kleopatra war 22, nicht schön im klassischen Sinne, aber äußerst attraktiv und an Erfahrung Cäsar möglicherweise fast ebenbürtig. Sie war in einem skrupellosen und gewalttätigen Umfeld aufgewachsen, hatte sich aber nicht zu einer ausschließlich zynischen Betrachtungsweise der Welt bringen lassen. Sie war mutig und klug – und Cäsar mochte kluge Frauen. Es ist allerdings unwahrscheinlich, daß einer der beiden sich Hals über Kopf in die Beziehung stürzte und darüber alles andere vergaß. Beide waren zu gerissen, zu beherrscht und sich nicht nur ihrer unmittelbaren Bedürfnisse, sondern auch der Langzeitfolgen ihres Handelns bewußt. Möglicherweise erarbeiteten sie ausführliche Verhaltensregeln, bevor sie sich in die Arme fielen.

Als ihm klar wurde, daß seine Schwester mehr als nur die Unterstützung Cäsars besaß, wandte sich Ptolemaios an die Öffentlichkeit und versuchte mit dem Vorwurf, Kleopatra wolle ihn vom Thron verdrängen, die Bevölkerung von Alexandria aufzuwiegeln. Cäsar bemühte sich, die Wogen zu glätten und den Schein zu wahren, indem er prunkvolle Festlichkeiten zur Feier der gemeinsamen Herrschaft Kleopatras und Ptolemaios' XIII. veranstalten ließ. Jetzt blieben noch die beiden Kinder, Arsinoë und der jüngere Ptolemaios. Cäsar hoffte, Alexandriner und Ägypter zu versöhnen, indem er die beiden Ptolemäer als unabhängige Herrscher über Zypern einsetzte. Bei seinem Vorhaben handelte es sich um einen beträchtliches Wagnis. Immerhin war die Insel erst vor kurzer Zeit der Herrschaft der Ptolemäer entzogen und von Rom annektiert worden. Der ernsthafte, nüchterne Senator Marcus Porcius Cato war zum ersten Statthalter Zyperns ernannt worden. Um der römischen Verfassung gerecht zu werden, hätte Cäsar den Senat an der Entscheidung über die Rückgabe der Insel einbeziehen müssen. Der Feldherr hatte aber seinen fehlenden Respekt für dieses umständliche Verfahren bereits zuvor erkennen lassen und sah keine Notwendigkeit, die Erlaubnis des Senats einzuholen. Er mußte zudem schnell handeln, um die feindselige Bevölkerung von Alexandria zu beruhigen und um Palastrevolten im Namen eines der vier Erben des Auletes zu vermeiden. Mögliche Einwände des Senats konnten später noch, bei seiner Rückkehr nach Rom, ausgeräumt werden.

Cäsars Regelung vermochte die Machtverhältnisse im ägyptischen Königshaus nur unzureichend zu stabilisieren. Die ohnehin brisante Situation wurde durch Potheinos verschärft, einem der führenden Höflinge Ptolemaios' XIII. und dessen einflußreichster und ehrgeizigster Berater. Potheinos wollte die Gelegenheit nutzen, als alle Hauptakteure an einem Ort versammelt waren, während Ptolemaios' Heer einsatzbereit vor den Toren Alexandrias wartete. Er sandte eine entsprechende Botschaft an Achillas, der das ägyptische Militär befehligte, und ließ den Königspalast belagern. Potheinos wollte seinem Schützling endgültig zum Thron verhelfen und sah sich selbst bereits in der Rolle eines obersten königlichen Ratgebers und Höflings. Für ihn spielte keine Rolle, wer neben Ptolemaios auf dem Thron saß, sofern es sich nicht um Kleopatra handelte. War die Belagerung erfolgreich, konnte er sich mit einem Schlag der Römer und all derer entledigen, die seinen Plänen im Weg standen. Wenn im Verlauf der Feindseligkeiten Kleopatra, Arsinoë oder dem jungen Ptolemaios XIV. etwas zustieß, war das ganz in Potheinos' Sinn. Möglicherweise stellte er sogar Überlegungen an, wie mit Cäsar zu verfahren sei. Vermutlich gehörte es von Anfang an zu Potheinos' Plan, Cäsar zu töten. Er wußte wohl um die politischen Reibereien, zu denen es zwischen Cäsar und dem Senat gekommen war, und könnte auf die Dankbarkeit der Senatoren gebaut haben, falls Cäsar nicht mehr nach Rom zurückkehrte.

Achillas führte das Heer des Königs nach Alexandria hinein und ließ den Königspalast umstellen. Von einem zahlenmäßig überlegenen Gegner eingeschlossen, befand sich Cäsar in einer schwierigen Lage. Er konnte nicht einfach den Palast und dann die Stadt verlassen. Auch war der Weg aufs offene Meer hinaus versperrt. Flucht erschien daher nur möglich, wenn es ihm gelang, die ägyptische Flotte auszuschalten. Dies war folglich sein dringendstes Anliegen. In einem Überraschungsangriff enterten Cäsars Legionäre die ägyptischen Schiffe und setzen sie in Brand, bevor Potheinos oder Achillas von ihnen Gebrauch machen konnten. Wie die Römer dies schafften, ist weitgehend unklar. Es könnte zu einigen kritischen Augenblicken gekommen sein, in denen Cäsar die Kämpfe beobachtete oder gar an ihnen teilnahm. Cäsars Beschreibung der Ereignisse in seinem Werk „Bürgerkrieg" liefert dazu keine näheren Angaben. Als die Schiffe brannten, breitete sich jedenfalls das Feuer aus und griff auf die Stadt über. Vermutlich ging dabei auch die berühmte Bibliothek von Alexandria in Flammen auf. Eventuell haben Cäsars ägyptische Gegner diese Geschichte aber auch nur kolportiert, um den römischen General, der sich offensichtlich nicht darum kümmerte, welchen Schaden er anrichtete, solange er nur seine Ziele erreichte, der Barbarei zu bezichtigen. Eine Brandkatastrophe könnte sich durchaus ereignet haben. Allerdings berichtete Aulus Hirtius im „Alexandrinischen Krieg" – möglicherweise unter Verwendung von Cäsars Aufzeichnungen – daß die Gebäude von Alexandria weitgehend feuerfest waren, da sie in der Regel auf steinernen Bogenkonstruktionen beruhten und kaum mit Holzgerüsten versehen waren. Holz war knapp; den begehrten Baustoff zu importieren, war sehr teuer. Die einheimische Bauweise entsprach darüber hinaus den Bedürfnissen der Bevölkerung und war dem Klima angemessen. Hirtius' Angaben könnten indes als Versuch gewertet werden, ein katastrophales Mißgeschick zu entschuldigen. Daß die gesamte Bibliothek ein Opfer der Flammen wurde, ist jedoch tatsächlich unwahrscheinlich. Die angebliche Zerstörung der großen Bibliothek von Alexandria durch Cäsars Truppen gehört dennoch zu den weitverbreiteten Legenden und findet heute wie damals ihre Anhänger.

Mit einer schnellen Reaktion hätte sich Achillas durchaus noch des berühmten Leuchtturms von Pharos an der Hafeneinfahrt bemächtigen können. Wäre ihm dies gelungen, hätte er den Vorteil, den sich Cäsar durch die Zerstörung der ägyptischen Flotte verschafft hatte, konterkariert. Selbst bei einer völligen Vernichtung aller gegnerischen Schiffe hätten die Römer in diesem Fall nicht hoffen können, den Leuchtturm ohne beträchtliche Verluste zu passieren, so daß ihnen die Flucht auf dem Seeweg unmöglich gemacht worden wäre. Ebenso hätten die Ägypter ihre Gegner daran hindern können, Verstärkung und Nachschub an Land zu bringen. Daher gönnte sich Cäsar nach der Zerstörung der feindlichen Flotte keine Atempause, sondern handelte kurz entschlossen, besetzte selbst den Leuchtturm und konnte so seinen Sieg noch ausbauen. Die erste Runde der Auseinandersetzung war an ihn gegangen. Jetzt kam alles darauf an, wie die Belagerung des Königspalastes verlief. Kleopatra muß die Kämpfe am Hafen voller Spannung verfolgt haben. Nun, da sich die Ereignisse derart zugespitzt hatten, war an eine Verhandlungslösung nicht mehr zu denken. Scheiterte Cäsar, war auch sie verloren. Ihr Schicksal hing bereits jetzt von dem des Römers ab.

Im Augenblick blieb Cäsar nichts anderes übrig, als Verteidigungsstellungen rings um den Palast errichten zu lassen und die

Angriffe der Ägypter abzuwehren. Seine Legionäre waren den Feinden immer noch zahlenmäßig unterlegen. Während Herbst und Winter des Jahres 48 v.Chr. verstrichen, gab es keine grundlegenden Veränderungen der politischen und militärischen Lage. Dann spielten Cäsar die Rivalitäten innerhalb der königlichen Familie und ihrer engsten Gefolgschaft in die Hände. Arsinoë floh zu Achillas, möglicherweise in der Hoffnung, den ägyptischen Heerführer veranlassen zu können, sie an der Seite eines ihrer Brüder zur Königin zu machen. Sie wurde von einem ihrer Höflinge mit Namen Ganymedes begleitet. Das sollte sich für sie als unheilvoll erweisen. Ganymedes und Achillas zerstritten sich sofort. Ihre Auseinandersetzung setzte sich bis in ihr Gefolge fort und griff dann auf das Heer über. Jeder der beiden Rivalen war bestrebt, die Soldaten mittels Bestechungsgeldern für sich zu gewinnen. Cäsar muß den wachsenden Zwiespalt im ptolemäischen Heer mit Freude registriert haben. Er wählte just diesen Augenblick, um Potheinos wegen seiner Verschwörung gegen Kleopatra hinrichten zu lassen. Schritt für Schritt wurden nun Kleopatras und Cäsars Gegner ausgeschaltet. Arsinoë hatte durch ihren Übertritt zu Achillas endlich Farbe bekannt, aber keinen Sieg errungen. Potheinos war bereits tot.

Ohne seinen Verbündeten, der ihm Informationen aus dem Palast liefern konnte, entglitt Achillas die Führung des ägyptischen Militärs zusehends. Um ihn herum zerbrach die alte Ordnung. Schließlich wurde er auf Befehl des Ganymedes ermordet, der sich bald darauf selbst an die Spitze des Heeres stellte. Eine kurze Zeitlang führte der neue Befehlshaber den Kampf gegen Cäsar mit Geschick und Angriffslust fort. Zuerst versuchte er, die Frischwasserzufuhr der Römer zu unterbrechen, indem er Meerwasser über Kanäle in den Mareotis-See leitete. Die römischen Soldaten legten mit der gleichen Geschwindigkeit neue Quellen frei. Cäsar war sich jedoch bewußt, daß dieses Spiel nicht ewig fortgesetzt werden konnte. Glücklicherweise waren Ganymedes' Tage jedoch gezählt. Römische Verstärkung näherte sich Alexandria übers Meer. Die Schiffe kamen im Dezember 48 an. Nun mußte sich Ganymedes mit zwei römischen Kontingenten auseinandersetzen – und dies ohne über eine eigene Flotte verfügen zu können. Allerdings war seine Situation nicht so ungünstig, wie es den Anschein haben mag. Es kam weiterhin zu schweren Gefechten. Obwohl er in der Lage gewesen war, den Leuchtturm an der Hafeneinfahrt zu besetzen, konnte Cäsar nicht die ganze Insel unter seine Kontrolle bringen, auf der das Bauwerk errichtet worden war. Daher beherrschte er nur einen Teil der Hafenbucht. Beim Versuch, den Damm an der westlichen Seite des Hafens zu befestigen, der sich von der Insel Pharos bis zum Festland erstreckte, kam der römische Feldherr fast ums Leben. Cäsar ließ Truppen mit Schiffen auf die Insel schaffen, besetzte sie und zerstörte die darauf befindlichen Gebäude. Am nächsten Tag befahl er, auf dem Damm zwischen Insel und Festland einen Wall zu errichten. Während die Römer mit den Bauarbeiten beschäftigt waren, griffen die Ägypter gleichzeitig von der Land- und von der Seeseite her an. Die römischen Schiffe zogen sich zurück. Die Legionäre gerieten in Panik, weil sie befürchteten, im Stich gelassen zu werden. Sie stürmten die wenigen zurückbleibenden römischen Schiffe, die auf diese Weise völlig überlastet wurden und zu sinken begannen. Cäsar bemerkte bald, daß auch sein eigenes Schiff kurz vor dem Kentern stand. Also sprang er ins Wasser und brachte sich schwimmend in Sicherheit. Dies ist die nüchterne Zusammenfassung der Ereignisse, wie sie im „Alexandrinischen Krieg“ berichtet werden. Plutarch fügt in seiner Darstellung des Geschehens hinzu, daß Cäsar nur mit einer Hand schwamm, während er mit der anderen einige Papiere, wohl Papyrusblätter, über seinen Kopf hielt, um sie vor der Nässe zu schützen. Seinen Purpurmantel habe er dabei zurücklassen müssen. Die Gegner hätten das Kleidungsstück als Siegestrophäe betrachtet, als sei Cäsar so eitel oder unvernünftig gewesen, in seinem Mantel an Land zu schwimmen, und habe ihn auf der Flucht verloren.

Nach weiteren Gefechten dieser Art, ohne Hoffnung auf einen schnellen Sieg einer der beiden Seiten, baten die Alexandriner Cäsar, ihren König zu ihnen zurückkehren zu lassen. Ihre Gesandten berichteten, Ganymedes sei der Bevölkerung zu tyrannisch. Sie seien des Krieges leid und würden sich auf Cäsars Seite stellen, wenn Ptolemaios entsprechende Anordnungen gäbe. Scheinbar widerwillig verließ Ptolemaios den Palast. Kaum bei seinem Heer angekommen, zeigte er jedoch sein wahres Gesicht und ließ seine Truppen die Feindseligkeiten mit doppelter Stärke wieder aufnehmen. Die Entscheidungsschlacht rückte näher. Zu Beginn der Belagerung hatte Cäsar seinen Bündnispartner Mithridates von Pergamon nach Syrien und Kilikien gesandt, um Verstärkung für die eingeschlossenen Römer nach Ägypten zu führen. Mithridates war ein bedeutender und äußerst wohlhabender Mann. Er war von Mithridates dem Großen an Sohnes Statt angenommen worden und verdankte seinem

Adoptivvater neben seinem Namen auch beträchtlichen Einfluß in Kleinasien. Er hatte ein ansehnliches Heer um sich geschart, mit dem er nun vor den Toren Pelusiums erschien. Mithridates ließ die Stadt, die östlich von Alexandria am Rande des Nildeltas lag und den Landweg von Syrien nach Ägypten beherrschte, von seinen Truppen belagern. Bald hatten seine Krieger die von Achillas zurückgelassene Garnison Pelusiums überwältigt und machten sich daran, durch das Nildelta auf Alexandria vorzurücken. Ptolemaios stellte sich ihm mit dem ägyptischen Heer entgegen. Cäsar sah seine Chance, zog seine Legionäre zusammen und verließ Alexandria, um den Ägyptern in den Rücken zu fallen. Im „Alexandrinischen Krieg" wird geschildert, wie die Schlacht am Nil im März 47 verlief. Ptolemaios wurde demnach geschlagen und ertrank auf der Flucht. Der ägyptische Widerstand gegen die Römer brach in sich zusammen, erlosch aber erst vollständig, als Cäsar die Leiche des Königs suchen ließ, um dessen Tod feststellen und die Sterblichkeit Ptolemaios' XIII. beweisen zu können. Die Ägypter glaubten nämlich, daß jemand, der im Nil ertrank, dem Fluß, der so eng mit dem Osiris-Mythos verknüpft war, auf der Stelle Göttlichkeit erlangte. Schon zu Lebzeiten hatte Ptolemaios den Römern beträchtlichen Ärger gemacht. Als mythischer, nach seinem Ertrinken in die Götterwelt entrückter König konnte er Kleopatra jedoch fast unüberwindliche Schwierigkeiten bereiten. Vermutlich kannte Cäsar die betreffenden Legenden. Mit höherer Wahrscheinlichkeit war es jedoch Kleopatra, die sich deren tiefer Bedeutung für die Ägypter bewußt war. Daher war sie es wohl, die Cäsar veranlaßte, allen Zweifeln über Ptolemaios' Schicksal ein Ende zu setzen.

Im „Alexandrinischen Krieg" wird nicht erwähnt, welche Rolle Kleopatra bei all diesen Ereignissen spielte. Lediglich im 33. Kapitel des Werks wird sie – fast beiläufig – genannt, und zwar im Zusammenhang mit der Schilderung, wie sich Cäsar nach seinem Sieg zum Herrn über Ägypten und Alexandria aufwarf und gemäß dem Testament des Auletes Regenten einsetzte. Da der ältere der Söhne des Königs nun tot war, wurde das ägyptische Königreich demnach dem jüngeren Bruder, Ptolemaios XIV., und dessen Schwester Kleopatra anvertraut, die Cäsar „treu geblieben war". Diese scheinbar unbedeutende Bemerkung verrät einiges über die politische und persönliche Beziehung zwischen dem Römer und der Ägypterin während des Alexandrinischen Kriegs. Es handelt sich dabei höchstwahrscheinlich um Cäsars persönlichen, entweder in Form einer Notiz oder mündlich abgegebenen Kommentar. Wer auch immer der tatsächliche Verfasser des „Alexandrinischen Kriegs" war, Aulus Hirtius oder ein anderer, er hätte jenen Halbsatz über Kleopatras Treue auch vermeiden können, aus dem hervorgeht, daß die Königin sich nicht aus dem Kriegsgeschehen heraushielt, sondern Cäsar und seine Legionäre aktiv unterstützte. Man könnte anführen, sie habe bei der Belagerung des Palastes ohnehin keine andere Wahl gehabt. Allerdings konnte sie auf diese Weise ihren persönlichen Mut und ihre konsequente Verfolgung der gemeinsamen Sache demonstrieren.

Kleopatra war nun am Gipfel ihrer Macht angelangt. Sie war Königin von Ägypten und konnte auf die Unterstützung des mächtigsten Heerführers der römischen Welt bauen. Ihre Herrschaft in ihrem Land war unangefochten. Ihr Mitregent – und in Übereinstimmung mit den altägyptischen Bräuchen zumindest symbolisch ihr Gemahl – war ihr gerade zwölf Jahre alter Bruder Ptolemaios XIV., eigentlich ihr Halbbruder, da beide verschiedene Mütter hatten. In der Folgezeit spielte er keine aktive Rolle in der ägyptischen Politik. Vielmehr waren seine Aufgaben wohl eher repräsentativer und zeremonieller Art. Vermutlich war er nur zum König und Mitregenten Kleopatras gemacht worden, um die Bevölkerung zu beruhigen. Vielleicht begnügte er sich damit, im Hintergrund zu bleiben und hatte keine allzu ehrgeizigen Ziele, nachdem er gesehen hatte, was mit anderen Mitgliedern des Königshauses geschehen war, die sich Kleopatra in den Weg gestellt hatten. Noch mehr scheint Kleopatras Herrschaft stabilisiert zu haben, daß der junge König nicht über Berater verfügte, die – von ihrem politischen Ehrgeiz gedrängt – in seinem Namen agierten. Eine ernsthafte Gefahr ging für Kleopatra nur von ihrer Schwester Arsinoë aus, die als Verräterin gefangengesetzt und nach Rom gebracht wurde. Einige Zeit später wurde sie dort in Cäsars Triumphzug mitgeführt und dem Volk als besiegte ägyptische Prinzessin präsentiert. Die kurz zuvor noch Ptolemaios XIII. und Arsinoë zugesprochene Insel Zypern fiel nun an das Königreich Ägypten unter Kleopatra und Ptolemaios XIV.

Cäsar und Kleopatra waren jetzt am Ziel. Ägypten war nicht formal annektiert und in eine römische Provinz verwandelt worden. Dies sollte erst später erfolgen, als Oktavian das Land und seine unermeßlichen Reichtümer in Besitz nahm. Die Annexion Ägyptens gehörte indes auch nicht zu Cäsars Plänen. Eindeutig war Cäsar die treibende Kraft hinter der römischen Politik gegenüber Ägypten, wie sehr er auch für Kleopatra eingenommen sein mochte und wie überzeugend die Königin auch für ihre Pläne warb. Kleopatra gelangte durch eine Verknüpfung glücklicher Umstände wieder auf den Thron, so sehr sie Cäsar auch bezaubert haben mochte und ganz gleich, ob dieser sie tatsächlich liebte. Cäsars Handeln war immer von seinen politischen und militärischen Erwägungen beherrscht. Emotionen gaben bei seinen Entscheidungen in der Regel nicht den Ausschlag. Hätte er Kleopatra abgelehnt, sie aber als nützliche Verbündete betrachtet und ihr zugetraut, ihr Land zu regieren, ohne ihn selbst oder das expandierende römische Imperium in Gefahr zu bringen, hätte er sie genauso zur Königin gemacht. Hätte er sie trotz aller Liebe als unzuverlässig eingeschätzt, hätte Cäsar andere Entscheidungen getroffen und versucht, sich seinen Einfluß auf den oder die von ihm ernannten Herrscher zu bewahren. Er scheute die förmliche Annexion Ägyptens. In diesem Fall hätte er die Kontrolle über das Land abgeben und sie in die Hände des Senats legen müssen – es sei denn, er hätte vorgehabt, den Senatoren kategorisch jeden Einfluß in Ägypten zu verweigern, wie es dann im Jahre 30 v.Chr. Oktavian tun sollte. Dafür war Cäsars Macht jedoch noch nicht ausreichend abgesichert. Statt dessen beschloß er, Ägypten von seiner rechtmäßigen Königin regieren zu lassen, mit der er auch persönliche Beziehungen unterhielt. Auf diese Weise konnte er das Angenehme mit dem Nützlichen verbinden.

Abgesehen von derartigen Arrangements auf mehr oder weniger privater Basis hätte die einzig mögliche Alternative darin bestanden, Ägypten in eine Provinz umzuwandeln und zu versuchen, diese über Legaten zu regieren, so wie Pompeius Spanien beherrscht hatte. Die Römer hatten diese Vorgehensweise, die strenggenommen einen Verfassungsbruch darstellte, in der Zwischenzeit aber durchschaut und würden nicht ohne Widerstand einer ähnlichen Lösung für Ägypten zustimmen. Cäsar wählte deshalb eine abgeschwächte Form der Legatenregelung und stationierte in Ägypten Truppen unter einem Offizier namens Rufio. Rufio verdankte ihm seinen Aufstieg und hatte daher allen Grund zu Loyalität. Die römischen Legionäre in Ägypten erfüllten unter seinem Kommando eine Doppelfunktion. Einerseits unterstützten sie Kleopatra bei ihren Bemühungen, die Bevölkerung von Alexandria unter Kontrolle zu halten und unerwünschte Mitglieder ihres Hofstaats aus dem Weg zu räumen. Gleichzeitig hielt Rufio jedoch Cäsar über die Entwicklung in Ägypten auf dem laufenden. Falls Kleopatra eine nicht mit Cäsars Absichten übereinstimmende Politik betreiben wollte, gab es Mittel und Wege, sie zum Einlenken zu zwingen. Es wäre somit höchst interessant, den exakten Wortlaut des Auftrags zu erfahren, mit dem Cäsar Rufio an der Spitze der römischen Truppen in Ägypten zurückließ.

Bleibt zu beantworten, wie weit das Vertrauen zwischen Cäsar und Kleopatra damals reichte. Zu jenem Zeitpunkt stimmten ihre Zukunftspläne hinsichtlich Ägyptens überein. Dies konnte sich jedoch später ohne weiteres ändern. Mit der gleichen Sicherheit, mit der Cäsar im Falle eines Konfliktes zwischen ihr und Rom Kleopatra – und damit Ägypten – gegenüber eine unnachgiebige, ja rücksichtslose Haltung einnehmen würde, war davon auszugehen, daß Kleopatra bei einer solchen Auseinandersetzung ihre persönlichen Gefühle für Cäsar als Mann und politischen Verbündeten zurückstellen und im Interesse ihres Landes handeln würde. Dazu kam es jedoch nie, da Cäsar nur noch drei Jahre zu leben hatte. Sein politisches Verhältnis zu der ägyptischen Königin wurde somit nie ernsthaft auf die Probe gestellt. Gleiches gilt für die persönliche Beziehung der beiden. Selbst wenn Kleopatra und Cäsar zweifellos ein gewisses Maß an Vertrauen zueinander gewonnen hatten, war ihre Sichtweise des jeweils anderen doch von nüchternem Realismus geprägt.

Um ihr gegenwärtiges Bündnis zu unterstreichen, begleitete Cäsar Kleopatra nach Beendigung der Schlachten und der Absicherung ihrer Macht auf einer Schiffsreise nilaufwärts. Für Cäsar handelte es sich wohl hauptsächlich um eine Vergnügungsfahrt. Nach all den bestandenen Abenteuern der letzten Jahre hatte er sich etwas Erholung und Ablenkung verdient. Neue Probleme erwarteten ihn bereits in verschiedenen Teilen der römischen Welt. Pompeius' restliche Anhänger zogen ihre Truppen in Nordafrika zusammen und bereiteten sich auf eine Fortsetzung des Bürgerkriegs vor. Ihre Stärke wuchs mit jedem Tag. Domitius Calvinus, einer von Cäsars Unterführern und mit der Aufsicht über die Provinz Asia (Kleinasien) betraut, wurde in militärische Auseinandersetzungen mit Pharnakes, dem König von Pontos, verwickelt, der Niederarmenien und Kappadokien für sich beanspruchte und darauf hoffte, seine Forderungen mit Waffengewalt durchsetzen zu können, während die Römer damit beschäftigt waren, sich gegenseitig zu bekämpfen. Es gab folglich viel zu tun für Cäsar, nicht zuletzt in Rom. Statt dessen amüsierte sich der Feldherr in Ägypten. Cäsars Nilreise kann aufgrund der uns vorliegenden historischen Zeugnisse kaum anders als ein verlängerter Erholungsaufenthalt bezeichnet werden. Allerdings ist unwahrscheinlich, daß seine Kreuzfahrt auf dem Nil völlig frei von politischen Motiven war.

Für Kleopatra war die Reise hingegen äußerst wichtig. Sie hatte bereits bewiesen, daß ihr das Wohl der ägyptischen Bevölkerung genauso am Herzen lag wie das der makedonisch- und griechischstämmigen Bewohner des Landes. Die Nilreise diente wohl mehreren Zwecken. Unter anderem förderte sie im ganzen Königreich das Bewußtsein nationaler Einheit. Wie kein Ptolemäerherrscher vor ihr zeigte sich Kleopatra dem Volk, kommunizierte auf mehreren Ebenen mit den Menschen, war offen und empfänglich für die Anliegen der Ägypter, präsentierte sich dabei aber immer als allmächtige, alles sehende, allwissende Herrscherin, die darüber hinaus für alle sichtbar die Unterstützung der Römer genoß, verkörpert durch deren Feldherrn Julius Cäsar, der sich ständig in ihrem Gefolge befand. Kleopatras Auftreten vereinigte auf hervorragende Weise monarchische Prachtentfaltung, diplomatisches Geschick und militärische Machtdemonstration.

Nach Beendigung der Kreuzfahrt und seiner Rückkehr nach Alexandria verließ Cäsar schließlich irgendwann im Juni oder Juli 47 Ägypten. Obwohl verschiedene Angaben antiker und moderner Autoren vorliegen, kann niemand das genaue Datum seiner Abreise bzw. seiner Ankunft in Syrien nennen, wo Cäsar einen kurzen Feldzug gegen Pharnakes unternahm. Inzwischen war Kleopatra hochschwanger und brachte, kurz nachdem Cäsar Alexandria verlassen hatte, einen Sohn zur Welt, dem die Bewohner der ägyptischen Hauptstadt den Spitznamen Cäsarion, also Cäsarlein, verliehen. Offiziell wurde das Kind von Kleopatra Ptolemaios Cäsar genannt, ein deutlicher Hinweis auf seine ägyptisch-römische Abstammung. Ob Cäsar wirklich der Vater des Kindes war, ist bis heute umstritten und wird sich auch kaum noch eindeutig klären lassen.

Die Frage der Vaterschaft besitzt ohnehin keine so entscheidende Bedeutung wie der politische Status Cäsarions. Von Ägypten und der ganzen römischen Welt verlangte Kleopatra, ihren Sohn nicht nur als Erben Cäsars zu betrachten, sondern warb während seines kurzen Lebens unablässig für dessen Anerkennung als ptolemäischer Thronfolger. Nach dem Tod ihres Bruders Ptolemaios XIV. ernannte sie den gerade Dreijährigen zum Mitregenten. Offensichtlich bereitete sie Cäsarion auf seine künftige Rolle als ägyptischer Herrscher vor und ließ dies sowohl die einheimischen Ägypter und

Kleopatra und ihr Sohn Cäsarion. Das in altägyptischem Stil gehaltene Relief befindet sich an einer Wand des Tempels von Dendera in Oberägypten. Kleopatra und Cäsarion erscheinen dort als Isis und Horus, als Mutter und Sohn der Osiris-Isis-Horus-Legende.

die Stämme an den Grenzen des Landes wie auch die Römer und andere Völker des Mittelmeers wissen. Cäsarion wird auf den berühmten Reliefs an der Außenmauer des Tempels von Dendera in Oberägypten als Pharao abgebildet, der neben seiner königlichen Mutter steht. Um eine noch eindeutigere Botschaft an die Ägypter handelt es sich wohl bei der Abbildung im Heiligtum von Hermonthis, die Cäsarions Geburt mit jener des Horus durch Isis vergleicht und Kleopatra und ihren Sohn als göttliche Pharaonenherrscher darstellt. Kleopatra spielte ihre Rolle mit viel Geschick und Verständnis für die altägyptischen Mythen. Darin folgte sie dem Beispiel früherer Ptolemäerherrscher, die sich der Treue der Ägypter versicherten, indem sie sich auf althergebrachte Glaubensvorstellungen und kultische Traditionen bezogen.

Ebenso von Bedeutung ist, daß Cäsar Cäsarion angeblich als seinen Sohn anerkannte. Dies geht allerdings nicht direkt aus Cäsars Schriften oder Äußerungen hervor, sondern wird nur in Suetons

Cäsar-Biographie so überliefert. Dort heißt es, Marcus Antonius habe vor dem Senat geäußert, die Vaterschaft sei von Cäsar selbst vor Zeugen, darunter sein Freund Gaius Matius und seine Schreiber Oppius und Balbus, bestätigt worden. Falls es sie tatsächlich gegeben hat, entsprach diese öffentliche Verlautbarung vermutlich der Wahrheit. Von da an spielte es indes ohnehin keine Rolle mehr, ob Cäsar tatsächlich der Vater des Kindes war. Beide Eltern hatten sich öffentlich zu Cäsarion bekannt und kümmerten sich nicht darum, ob die Welt ihnen Glauben schenkte oder nicht. Gleich bei der Geburt des Jungen tauchte nämlich das Gerücht auf, Kleopatra habe Cäsar das Kind eines anderen Liebhabers untergeschoben. Selbst der zwölfjährige Ptolemaios XIV. wurde als Vater Cäsarions benannt. Weit mehr Gewicht als alle anderen maß indes Oktavian der Vaterschaftsfrage zu. Der Großneffe Cäsars, den der Feldherr an Sohnes Statt angenommen hatte, duldete keine Konkurrenten um Cäsars Erbe.

Kleopatra verehrte Cäsar und unterstrich ihre Verbindung mit dem Römer durch den Bau des Caesariums, eines riesigen Bauwerks mit Säulengängen, groß genug, um den Seeleuten ins Auge zu fallen, die sich dem Hafen von Alexandria näherten. Zwei Obelisken standen vor diesem Gebäude. Es handelte sich um Steine, die zu Kleopatras Zeit bereits uralt waren, aber dennoch als „Kleopatras Nadeln" bezeichnet wurden. Eine dieser „Nadeln", der Obelisk Thutmosis' III., steht heute am Londoner Themseufer. Kleopatras Bemühungen, Cäsars Andenken in Ägypten am Leben zu erhalten, diente zudem politischen Zwecken. Damit sollte auch dem gemeinsamen Sohn Cäsarion der Weg geebnet werden, eines Tages als von Rom anerkannter Herrscher das Land regieren zu können. Nach Cäsars Abreise war nämlich keinesfalls sicher, ob die Königin den Römer zu Lebzeiten jemals wiedersehen und ob er auch künftig aus der Ferne in ihrem Sinne Einfluß auf die ägyptische Politik nehmen würde.

Tatsächlich dauerte die Trennung von Cäsar aber nicht sehr lange an. Schon bald besiegte der Römer seinen Gegner Pharnakes, und zwar in so kurzer Zeit, daß Cäsar den Feldzug mit einem knappen, berühmt gewordenen Satz zusammenfaßte: „Veni, vidi, vici." Bei diesem Unternehmen handelte es sich jedoch nur um einen von mehreren anstehenden Feldzügen. Die Pompeianer waren noch nicht endgültig besiegt. Wie bereits erwähnt, formierte sich in Nordafrika, wo mehrere von Pompeius' Anhängern und Offizieren nach der Schlacht von Pharsalos Zuflucht gesucht hatten, neuer Widerstand gegen Cäsar. Die Gegner hatten Zeit gehabt, Verbündete für ihre Sache zu gewinnen, darunter Juba, den König von Numibien, der über beträchtliche militärische Ressourcen verfügte. Vom militärischen Standpunkt aus hätte es durchaus Sinn gemacht, direkt nach Abschluß des erfolgreichen Feldzugs gegen Pharnakes nach Nordafrika zu segeln. Cäsar war jedoch seit zwei Jahren nicht mehr in Rom gewesen, wo sich politische und wirtschaftliche Schwierigkeiten offenbart hatten. Im Spätsommer 47 v.Chr. kehrte er zurück, um feststellen zu müssen, daß bislang keine Wahlen für die Staatsämter des folgenden Jahres abgehalten worden waren, viele Römer sich bis über die Ohren verschuldet hatten und es zu Ausschreitungen gekommen war. Cäsars Stellvertreter Marcus Antonius und Dolabella waren nicht in der Lage gewesen, die Unruhen zu beenden. Ganz im Gegenteil: Dolabella hatte als Sprecher der Schuldner das Feuer gar noch geschürt. Antonius hatte dem eine Weile untätig zugesehen. Als er die Aufstände schließlich mit militärischer Gewalt unterdrückt hatte, wurde ihm brutales, rücksichtsloses Vorgehen vorgeworfen. Nun fiel er für einige Zeit bei Cäsar in Ungnade. Der Diktator hatte andere Probleme. Selbst seine eigenen Truppen waren der endlosen Kriege müde und weigerten sich, den nächsten Feldzug anzutreten. Afrika war weit weg, und die Legionäre waren erschöpft. Cäsar kam einer drohenden Meuterei zuvor, indem er persönlich den Soldaten gegenübertrat und sie nicht als Kameraden, als *commilitones*, ansprach, sondern als Mitbürger, als *quirites*. Damit gab er ihnen zu verstehen, daß er sie alle nach Hause schicken und ohne sie in Nordafrika kämpfen würde. Die Legionäre versprachen nun, ihrem Feldherrn überallhin zu folgen. Senat und Volk stimmten der Ernennung des Marcus Aemilius Lepidus und Cäsars zu Konsuln des Jahres 46 zu. Alle anderen Ämter wurden mit Männern besetzt, die Cäsars Unterstützung hatten. Es gab nur wenige, die sich dem Diktator noch offen entgegenzustellen wagten.

Gegen Ende des Jahres 47 brach Cäsar auf und reiste über Sizilien nach Afrika. Dort schlug er am 6. April 46 die Pompeianer in der Schlacht von Thapsos. Kleopatra wird die Nachricht vom Sieg Cäsars erhalten haben, vielleicht gar durch eine persönliche Botschaft des Feldherrn. Ihr könnte ebenso überbracht worden sein, daß Cäsar mit der Frau des mauretanischen Königs Bogud mehr als nur diplomatische Höflichkeiten ausgetauscht hatte. Die Gerüchte haben sie vielleicht nicht einmal besonders aufgeregt. Vermutlich war ihr von Anfang an klar, daß sie nicht in immerwährendem Glück mit Cäsar zusammenleben, geschweige denn sich mit ihm häuslich niederlassen konnte. Der Diktator war in Rom bereits mit Calpurnia verheiratet und hätte nach römischem Gesetz ohnehin keine Ausländerin zur Ehefrau nehmen dürfen. Zudem konnten Kleopatra und Cäsar als außergewöhnliche, hochstehende Persönlichkeiten kaum auf ein normales, durchschnittliches Eheleben hoffen, wenn sie dies denn gewollt hätten. Immerhin hatte Kleopatra bekommen, was sie wollte: römische Unterstützung für ihre Herrschaft und einen Sohn von Cäsar selbst. Die Frau des Königs Bogud hatte wohl kaum Vergleichbares erreicht.

Im September 46 v.Chr. kehrte Cäsar nach Rom zurück und feierte seine Erfolge nachträglich mit vier Triumphzügen: Sie galten den Siegen in Gallien, Ägypten, Pontos und Nordafrika. Beim afrikanischen Triumphzug ließ er wohlweislich nicht herausstellen, daß es sich bei den besiegten Gegnern um Römer gehandelt hatte. Im ägyptischen Triumphzug wurde Kleopatras Halbschwester Arsinoë durch Rom geführt. Die seinerzeit übliche Hinrichtung durch Erdrosseln, die besiegte Feinde Roms in der Regel erwartete, blieb ihr allerdings erspart. Statt dessen sandte man sie nach Kleinasien, wo sie im Artemistempel von Ephesos Zuflucht suchte und für eine Zeitlang auch fand. Ihr Schicksal war es letztendlich, auf Anordnung von Antonius und Kleopatra hingerichtet zu werden, die sie verdächtigten, in Kleinasien gegen die ägyptische Königin und ihren Gefährten Opposition zu schüren.

Im Jahre 46 kamen Kleopatra und ihr Sohn nach Rom. Die Ägypterin trat die weite Reise aus verschiedenen Gründen an, nicht zuletzt, um Cäsar wiederzusehen. Sie mochte ihn, liebte ihn vielleicht gar. Zumindest gibt es aus dieser Zeit keine Berichte über andere Liebhaber Kleopatras. Ein weiteres Ziel ihrer Reise war es, sich den Status ihres Landes im Verhältnis zu Rom und ihre Herrschaft in Ägypten offiziell bestätigen zu lassen. Man nimmt allgemein an, daß Cäsars Abmachungen mit Kleopatra vom Senat ratifiziert werden mußten, indem Kleopatra zur „Freundin des römische Volks" erklärt wurde. Dies war die offizielle Bezeichnung, die befreundeten Staaten, Städten und Individuen gleichermaßen in einer formalen Prozedur verliehen wurde. Ein in Schriftform abgefaßter Vertrag war nur dann erforderlich, wenn beide Parteien ein Bündnis eingingen, das über das lockere, inoffizielle Freundschaftsverhältnis

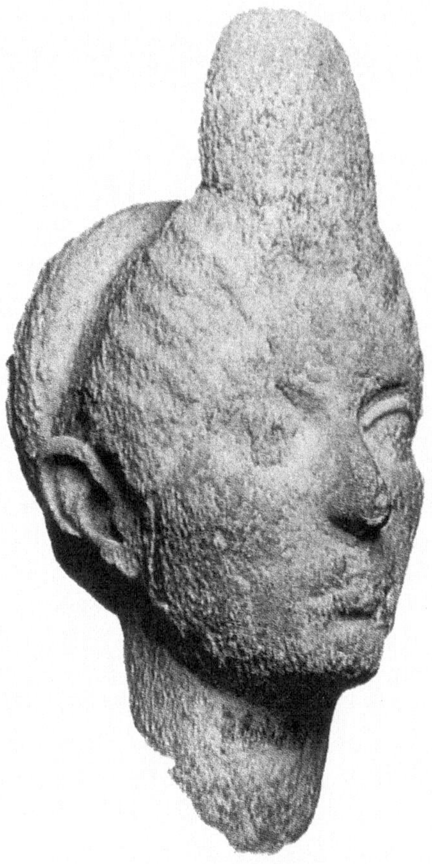

Eine Büste Kleopatras aus Alexandria. Trotz des starken Abschliffs lassen sich noch die Gesichtszüge der Königin erkennen.

(amicitia) hinausreichte. In jenem Fall wurden die Verpflichtungen beider Seiten schriftlich festgehalten, wobei Rom von den Abmachungen häufig stärker profitierte als sein jeweiliger Bündnispartner. Mit Sicherheit hatte Kleopatra nicht vor, zu einer römischen Marionette zu werden. Andererseits war sie realistisch genug, um einzusehen, daß sie sich ohne Unterstützung der Römer nicht würde halten können. Dank Cäsars Eingreifen war die Lage in ihrem Land gegenwärtig stabil. Ihre persönliche Beziehung zu dem Diktator reichte jedoch nicht aus, um ihre Herrschaft langfristig abzusichern. Solange Cäsar mächtig war und über die Unterstützung seiner Truppen verfügte, brauchte sich Kleopatra keine Sorgen zu machen.

Zweifellos rechnete sie damit, daß sich Cäsar nicht immer in einer so unangreifbaren Position befinden würde, wie dies gerade der Fall war. Der Dikator war nicht mehr jung und würde nicht ewig leben. Er konnte sterben oder im Krieg fallen, bevor Kleopatra ihre Macht in Ägypten ausreichend gefestigt hatte. Außerdem konnten römische Politiker ebenso schnell stürzen, wie sie aufgestiegen waren. Ohne weitere politische Freundschaften in Rom waren Ägypten und seine Herrscherin nach Cäsars wie auch immer geartetem Abtreten den Launen des ihm folgenden Machthabers ausgeliefert. Den Diktator Cäsar hatte die ägyptische Königin für sich gewinnen können. Nun mußte sie Rom beeindrucken, um ihr politisches Überleben langfristig zu sichern.

Es ging Kleopatra dabei nicht nur um ihr persönliches Schicksal oder ein egoistisches Streben nach Selbstüberhöhung. Diejenigen, die ihr derartige Motive unterstellen, lassen sich vom unmittelbaren Eindruck blenden. Als sie Königin von Ägypten wurde, übernahm Kleopatra die Aufgabe, ihr Land zu regieren, es zusammenzuhalten und seine Bewohner zu beschützen. Diese Verpflichtung konnte nicht halbherzig erfüllt werden. Kleopatras persönliches und politisches Leben waren so eng miteinander verknüpft, daß eine Unterscheidung zwischen beiden Bereichen nicht möglich war. Nur selten ergaben sich freie Augenblicke, in denen sie ihre Rolle als Königin ablegen konnte. Daher nahm sie ihre Verpflichtung sehr ernst. Kleopatra war Ägypten, und Ägyptens Wohl hing von ihrem Überleben und dem Erhalt ihrer Macht ab.

In Rom könnte Kleopatra sich durchaus gelegentlich Phasen der Ruhe und Erholung von ihrem Amt gegönnt haben. Die politischen Anforderungen an die ägyptische Königin blieben jedoch bestehen. Offen blieb vor allem die Frage nach dem Status ihres Landes in der römischen Welt. Kleopatras Ziel war der Abschluß eines formalen Vertrags mit Rom, der von führenden römischen Politikern unterzeichnet und besiegelt sowie vom Senat bestätigt werden sollte. Daneben beabsichtigte sie vermutlich, zwischen Rom und Ägypten so viele Geschäftsverbindungen wie möglich zu knüpfen. Der Geschichtsschreiber Cassius Dio berichtet im 3. Jahrhundert n.Chr., zwischen beiden Staaten sei ein Vertrag zustande gekommen, nennt jedoch keine Einzelheiten. Auf welche Quelle er sich bei seiner Behauptung bezieht, ist unbekannt. Es gibt indes keinen Grund, am Zustandekommen einer derartigen Übereinkunft, gleich welcher Form, zu zweifeln. Man kann sich Cäsar und Kleopatra vorstellen, wie sie die relevanten Dokumente persönlich durchgingen und deren Formulierungen überprüften, bis alle Forderungen der Vertragspartner erfüllt und alle möglichen Schlupflöcher gestopft waren. Einen entsprechenden Vertragsentwurf könnte Cäsar dem Senat unterbreitet haben, der die Abmachung wohl ohne größere Einwände billigte. Wäre es zu einer kontroversen Debatte gekommen, hätten Cäsars Feinde diese zweifellos aufzeichnen lassen. Oktavian hätte das Geschehen später mit höchster Wahrscheinlichkeit im Sinne seiner Propaganda gegen Kleopatra und Antonius instrumentalisiert, als er zum Feldzug gegen seinen Triumviratskollegen und die ägyptische Königin rüstete.

Umstritten ist, ob Kleopatra bei Cäsars Triumphzügen in Rom anwesend war und zusah, wie ihre Halbschwester Arsinoë als Gefangene hinter Cäsars Wagen durch Rom geführt wurde. Ihre Apologeten nehmen an, es sei für sie politisch nicht ratsam gewesen, sich bei einem Triumphzug zu zeigen, der den Sieg über ihr eigenes Land feierte. Daher hätte sie die Erniedrigung ihrer Schwester nicht mitansehen müssen. Andere führen Arsinoës spätere Freilassung auf Kleopatras Einfluß zurück. Andererseits stellte der ägyptische Triumphzug eine Gelegenheit dar, den Römern zu demonstrieren, daß sie im Alexandrinischen Krieg entschieden auf Cäsars Seite gestanden hatte. Der Sieg war über ihren Bruder Ptolemaios XIII. und dessen Berater Potheinos und Achillas errungen worden, nicht über Kleopatra.

Während sie in Rom weilte, wohnte Kleopatra eine Zeitlang in Cäsars Haus jenseits des Tibers. Cicero bezieht sich in einem seiner Briefe an Atticus auf ihren dortigen Aufenthalt. Jenes Schreiben wurde nach Cäsars Ermordung verfaßt, als sich Cicero sicher genug fühlte, seiner Abneigung gegen die ägyptische Königin Ausdruck verleihen zu können. Vielleicht hatte er Kleopatra bereits früher in Begleitung ihres Vaters Auletes in Rom kennengelernt. In diesem Fall machte ihm vielleicht der Wandel ihrer jeweiligen gesellschaftlichen Position zu schaffen. 58 v.Chr. war Cicero von dem Unruhestifter Publius Clodius ins Exil getrieben worden. Dieser hatte als Volkstribun ein altes Gesetz wieder aufgegriffen, demzufolge die Hinrichtung römischer Bürger ohne Gerichtsverhandlung ein Vergehen darstellte und mit Verbannung bestraft wurde. Clodius' Vorhaben zielte direkt auf Cicero ab, der 63 v.Chr. als Konsul seinen politischen Zenit erreicht hatte, als er die Catilina-Verschwörung aufdeckte. Die daran Beteiligten hatte er rasch zum

Marcus Tullius Cicero.

Tode verurteilen lassen, ohne ein formelles Gerichtsverfahren mit möglichen Verzögerungen und nicht eindeutig absehbarem Ausgang zu riskieren. Nach kurzer, schmerzhafter Zeit im Exil ließ sein Freund Pompeius Cicero im August 57 v.Chr. zurückrufen. Bei seiner Rückkehr im September jenes Jahres war er wohl äußerst erleichtert und von seiner eigenen Bedeutung überzeugter als je zuvor. Auletes, den Herrscher Ägyptens, und dessen damals noch sehr junge Tochter nahm er vermutlich kaum wahr. Falls er sich tatsächlich nach ihnen erkundigt hatte, kam er wohl zu dem Ergebnis, daß es sich um unglückliche Menschen handelte, die dringend Hilfe brauchten und die Pompeius vollständig ausgeliefert waren.

Ein Jahrzehnt später war Kleopatra Königin von Ägypten und sich ihrer eigenen Bedeutung und Fähigkeiten durchaus bewußt. Mit geübtem Blick unterschied sie zwischen Personen, die ihr nützlich werden konnten, Menschen, die man respektieren mußte, denjenigen, die zu fürchten, und denjenigen, die relativ unbedeutend waren.

Mit Cäsar an ihrer Seite fiel die Kategorisierung der Römer noch leichter. Ciceros Ruhm hatte seit den Glanzzeiten des Redners gelitten, und obwohl Cäsar ihn respektierte, ihm wohl zuhörte und gelegentlich sogar seinen Rat eingeholt haben könnte, versuchte er meist, ihn zu übergehen, wenn wichtige Entscheidungen zu treffen waren. Kleopatra schloß sich vermutlich Cäsars Haltung gegenüber Cicero an, was diesem nicht gefallen konnte. Anscheinend versprach sie ihm Geschenke literarischer Natur, deren Empfang Cicero im Senat bestätigen wollte, um den Verdacht der Bestechung von vornherein auszuschließen. Allerdings erhielt der Redner die zugesagten Gaben wohl nicht und faßte Kleopatras Verhalten als Kränkung auf. Das Verhältnis zwischen den beiden stand nicht zum besten, worüber sich vor allem Cicero beklagte. Kleopatra lebte in einer anderen politischen und sozialen Sphäre und kümmerte sich vermutlich nicht weiter um ihn.

Während ihres Aufenthalts in Rom wurde die Ägypterin wahrscheinlich weiteren bedeutenden Römern vorgestellt, die wohl begierig waren, sie zu treffen, kennenzulernen und einer Vertrauten Cäsars zu schmeicheln. Sie könnte auch Marcus Antonius wieder begegnet und daran erinnert worden sein, wie er Auletes zu seinem Thron zurückverholfen, gleichzeitig aber auch ihrem Vater dessen blutige Rachepläne ausgeredet hatte. Sie könnte ihn gemocht haben, und auch Antonius könnte sie sympathisch gefunden haben. Allerdings hatte der Römer gerade seine große Liebe Fulvia geheiratet, deren verstorbene Ehemänner Clodius und Curio zu seinen Jugendfreunden gehörten. Marcus Antonius war vermutlich viel zu abgelenkt, um Kleopatra sonderlich zu beachten. Wenn er ihr zu große Aufmerksamkeit geschenkt hätte, hätte er vielleicht auch seine Freundschaft mit Cäsar aufs Spiel gesetzt, mit dessen Person seine eigenen Zukunftspläne eng verknüpft waren.

Der unscheinbarste Römer in Cäsars Gefolge war wohl Gaius Oktavius, der Großneffe des Diktators, damals noch im Jünglingsalter. Er war von schmächtiger Gestalt und ständig krank, verfügte aber über ein für sein Alter ungewöhnliches Verständnis der politischen Machtmechanismen und über eine Zielstrebigkeit und Willensstärke, die seiner zerbrechlichen Erscheinung Hohn sprach. Cäsar war bereits auf ihn aufmerksam geworden und hatte angefangen, ihn zu fördern. Zu diesem Zeitpunkt war jedoch das Ausmaß der Hoffnungen, die Cäsar an die Karriere des jungen Mannes knüpfte, noch nicht zu erkennen. Als der Diktator Rom im Jahr 46 v.Chr.

verließ und zu einem Feldzug nach Spanien ausbrach, sollte ihn Oktavian eigentlich begleiten, war aber wieder einmal krank. Nach seiner Genesung brach er allerdings mit einigen Vertrauten auf und kam kurz nach der entscheidenden Schlacht bei Munda in Cäsars Lager an. Dabei stellte er viele der Eigenschaften unter Beweis, die Cäsar für wichtig erachtete, denn er überwand seine Krankheit und jedes Hindernis auf dem Weg zu seinem Ziel. Es bleibt zu hoffen, daß Kleopatra jetzt von Oktavius Notiz nahm, denn dies war der Mann, der Cäsars Erbe und ihr größter Feind werden sollte. Während sein siegreiches Heer vor den Toren Roms darauf wartete, im Triumph in die Stadt einzuziehen und die Niederlage der letzten Pompeianer zu feiern, verfaßte Cäsar in seinem Landhaus in Labici sein Testament. Darin ernannte er Oktavius zum Haupterben seines Vermögens. Noch entscheidender war jedoch ein Anhang, in dem Cäsar seinen Großneffen als seinen Sohn adoptierte. Kleopatra und Cäsarion wurden in dem Testament nicht berücksichtigt. Dies hatte der Diktator vermutlich bereits im voraus mit der ägyptischen Königin besprochen. Ob Kleopatra vor dessen öffentlicher Bekanntgabe den Inhalt des Testaments kannte, kann nicht geklärt werden. Ebenso unbekannt ist, ob Oktavius von Cäsars Absichten wußte. Im September 45 konnten sich die Antagonisten der späteren Auseinandersetzung wohl nur sicher sein, daß sie jeweils Cäsars Wohlwollen genossen.

Cäsar hatte seine Feinde in den Feldzügen nicht vollständig vernichten können. Pompeius' Sohn Sextus war davongekommen. Zwar wurden seine Anhänger aus den meisten Provinzen des expandierenden Imperiums vertrieben, er selbst verfügte aber immer noch über eine beachtliche Flotte, mit der er Rom in den folgenden Jahren noch große Schwierigkeiten bereiten sollte. Der Bürgerkrieg war jedoch beendet. Cäsar konnte sich endlich Rom zuwenden. Während des Bürgerkriegs hatte er eine in diesem Umfang noch nie dagewesene Machtfülle besessen. Nun, da der militärische Konflikt vorbei war, gab es keinen Grund für ihn mehr, weiterhin mit diktatorischer Vollmacht zu regieren. Seine bisherigen Machtbefugnisse waren jedoch zur Umsetzung seiner weitreichenden Planungen für die Zukunft des Imperiums erforderlich. Die meisten seiner Projekte waren notwendig oder kamen dem Volk und der Republik zugute, wurden aber entgegen römischer Gepflogenheit gegen alle Widerstände durchgesetzt, da es Cäsar eilig hatte und keine Geduld mehr für lange Senatsdebatten aufbringen konnte.

Seine Kalenderreform, mit der er die heute noch gültige, im Mittelalter nur geringfügig verbesserte Schaltjahrsregelung einführte, stieß indes auf keine nennenswerten Opposition. Diese Maßnahme erscheint aus unserer Sicht recht naheliegend, erforderte jedoch zu ihrer Durchführung beträchtliche Autorität und kam wohl vor allem deshalb zustande, weil jeder ihre Notwendigkeit einsehen konnte. Während der Kriege und Unruhen war der alte römische Mondkalender lange Zeit nicht mehr durch Einfügen von Schalttagen aktualisiert worden, um ihn in Übereinstimmung mit dem Sonnenlauf zu bringen. Im Jahre 46 v.Chr. hatten sich die landwirtschaftlich geprägten Feiertage innerhalb des realen Jahreslaufs beträchtlich verschoben. Um dies wieder auszugleichen, ließ Cäsar damals drei Schaltmonate einfügen und legte die Länge des Sonnenjahrs auf 365,25 Tage fest. Die astronomischen Berechnungen, auf denen der Julianische Kalender beruhte, waren von ägyptischen Gelehrten ausgeführt worden. Als eigentliche Quelle für Cäsars Reform gilt Sosigenes, ein Astronom aus Kleopatras Gefolge. Man könnte daher sagen, daß die moderne Welt ihren Kalender eigentlich ihr verdankt.

Kleopatras Anteil an der Kalenderreform ist offensichtlich. Umstritten ist jedoch, inwieweit sie auch in anderen Bereichen der römischen Politik direkt oder indirekt Einfluß auf Cäsar und dessen persönliche Entscheidungen nehmen konnte. Mit Sicherheit hatte er am Nil bemerkt, wozu ägyptische Ingenieure in der Lage waren. Den Plan, die weitverbreitete Malaria durch Trockenlegung der Sumpfgebiete um Rom zu bekämpfen, könnte er jedoch bereits lange vor seiner Landung in Ägypten gefaßt haben. Klar und deutlich erkannte er, was alles getan werden mußte, um aus Rom und seiner Umgebung eine Großstadt mit den nötigen öffentlichen Einrichtungen und einer funktionierenden Verwaltung zu machen, war jedoch nicht mehr der Jüngste und fühlte, daß er nicht mehr viel Zeit hatte. Seinem Ziel konnte und wollte er sich nicht erst allmählich, in vielen kleinen Schritten nähern und dem Senat erlauben, einen Teil seiner Pläne zu verwerfen, während er sich bereits mit neuen Ideen auseinandersetzte. In seiner Ungeduld häufte er immer mehr Macht an, um seine Vorhaben realisieren zu können, und hoffte, eine Demonstration seiner Milde würde seine Gegner soweit beruhigen, daß er seine Pläne zum Wohle Roms und dessen Bewohner ungehindert ausführen konnte. Seine *clementia*, seine gnädige und versöhnliche Haltung irritierte seine Opponenten jedoch noch mehr. Sie verkannten seine Absichten oder lehnten sein Verhalten als anmaßend und arrogant ab, da er sich ihrer Meinung hoch über sie stellte, wenn er in der Lage war, Gnade walten zu lassen.

Cäsar strebte wohl eine Art Alleinherrschaft an. Im Volk wurde angenommen, Kleopatra habe ihm diese Idee in den Kopf gesetzt und gebe ihm regelmäßig Lektionen in Autokratie und Ehrgeiz. Cäsar verschlimmerte die Situation noch, indem er ihr öffentlich seine Ehrerbietung zeigte. In seinem neuen Forum hinter dem Senatsgebäude ließ er seiner göttlichen Ahnherrin Venus Genetrix einen Tempel errichten und neben dem Abbild der Göttin auch eine Statue Kleopatras aufstellen. Dadurch erhöhte er seine Gefährtin in einer Weise, die alles römische Vorstellungsvermögen weit überstieg. Es muß zu weitverbreiteten Spekulationen gekommen sein, was Cäsar mit seinem ungewöhnlichen Verhalten bezweckte. Schon bald fragte man sich, was er wohl als nächstes unternehmen würde. Sollte Kleopatra seine Gemahlin werden und neben Ägypten auch Rom regieren? Vielleicht wollte Cäsar sie auch zur Göttin erklären lassen, und jeder würde sie anbeten müssen. Trotz der allgemeinen Abneigung gegen Kleopatra wurde ihre Statue später jedoch nicht zerstört und blieb so der Nachwelt erhalten.

Kleopatra wurden damals alle Mißgeschicke und Übel zugeschrieben, die sich seit Cäsars Sieg über die Pompeianer in Rom ereignet hatten, da ihre Ankunft zeitlich mit der Verkündung von Cäsars umfassenden Reformplänen zusammenfiel. Als Ausländerin und – noch schlimmer – als Frau, die sich in die Männerdomäne der Politik einmischte, traute man ihr nicht. Fremdenhaß und Frauenfeindlichkeit waren den alten Römern nicht unbekannt. Sie argumentierten, die Dinge seien vor Cäsars Ägyptenaufenthalt schon schlimm genug gewesen, aber seitdem er dieses Land besucht hatte und dem verderblichen Einfluß der Königin erlegen sei, sei er größenwahnsinnig geworden und träume von Alleinherrschaft. So kam es denjenigen vor, die Cäsars turbulente Karriere nicht bis zu ihren Anfängen zurückverfolgen konnten und vergessen hatten, daß auch Pompeius einst zum alleinigen Konsul gemacht worden war, seine Provinzen von seinen Legaten verwalten ließ und versuchte, in allen ihm nicht unterstehenden Territorien ebenso seinen Einfluß geltend zu machen. Es handelte sich um eine allgemeine Erscheinung der Zeit, daß aus Beamten, Provinzstatthaltern und Feldherren im Dienst des Staates allmählich unabhängige Kriegsherren und Potentaten wurden. Es gab schlimmere Machthaber als Cäsar, und hätte er nicht die Vorherrschaft für sich beansprucht, hätte früher oder später ein anderer seinen Platz eingenommen.

Cäsar liebte die Macht nicht um ihrer selbst willen, sondern versuchte sie zum Besten Roms einzusetzen. Die Schwierigkeit bestand darin, daß die Römer gern gefragt werden wollten, was zu ihrem Besten geschah, und nicht bereit waren, sich Cäsars neue Ordnung überstülpen zu lassen. Bei Verwaltungsreformen, der Trockenlegung der Sumpfgebiete, der Schaffung eines neuen Patriziats, der Ernennung zusätzlicher Senatoren und Beamter und der Gründung neuer Veteranenkolonien handelte es sich um vernünftige und zweifellos erfolgreiche Maßnahmen Cäsars. Dennoch mißtraute das Volk einem Mann, der soviel Macht besaß. Cäsar selbst ging damit recht unorthodox um. Er ließ sich nicht jedes Jahr zum Konsul ernennen, da er dies als bloße Formsache erachtete. Darüber hinaus war er mehrmals, 49, 48 und 46 v.Chr., zum Diktator mit nahezu unbeschränkten Machtbefugnissen ernannt worden, obwohl das Amt eigentlich nur im Falle eines Notstandes und für kurze Zeit besetzt werden sollte. Es war jedoch offensichtlich, daß Cäsar die ihm übertragene Macht nutzen wollte, den römischen Staat nach seinen Vorstellungen zu gestalten. Zwar versuchte er alles zu meiden, was ihn dem Verdacht aussetzte, eine Monarchie etablieren zu wollen. Dabei handelte es sich jedoch nur um eine leere Geste. Als sein Mitkonsul Marcus Antonius ihm am Tag des Lupercalienfests im Februar 44 ein Diadem anbot, lehnte Cäsar die Krone auf theatralische Weise ab und hoffte wohl, den öffentlichen Spekulationen über seine wahren Absichten so ein Ende zu setzen. Statt dessen verschlimmerte er die Situation nur noch, da es vielfältige Interpretationsmöglichkeiten seines Verhaltens gab: Wurde er von dem Angebot überrascht, wollte ihm Antonius einen Gefallen tun, indem er ihm Gelegenheit gab, seine Ablehnung der Königswürde öffentlich zu demonstrieren, oder handelte es sich um einen Test, mit dem die Bereitschaft der Bevölkerung erkundet werden sollte, Cäsar als Monarchen zu dulden? Auch Cäsars Pläne für einen neuen Partherfeldzug, um Niederlage und Tod seines ehemaligen Verbündeten Crassus zu rächen, trugen nicht zur Entspannung der Lage bei. Immerhin prophezeite eine Passage der sibyllinischen Bücher, Parthien könne nur von einem König erobert werden.

In der Zwischenzeit hatte sich im stillen eine Gruppe von Opponenten mit dem Ziel zusammengefunden, Cäsar zu ermorden. Brutus und Cassius sind die bekanntesten Mitglieder dieses Kreises.

Insgesamt handelte es sich jedoch um über 50 Verschwörer. Darüber hinaus gab es zweifellos eine große Anzahl von Männern, welche die Attentatspläne stillschweigend unterstützten, ohne sich selbst daran zu beteiligen. Zwei Ereignisse beschleunigten die Entwicklung noch. Im Februar wurde Cäsar zum Diktator auf Lebenszeit *(Dictator perpetuo)* ernannt. Dadurch wurde es für die Opposition im Senat unmöglich, Cäsar durch ein institutionalisiertes, legales Verfahren zu stürzen. Außerdem hatte Cäsar vor, Rom im März zu verlassen, sich für einen Kriegszug zur Donaugrenze des Imperiums zu begeben und anschließend zum lange geplanten Unternehmen gegen die Parther aufzubrechen. Der Diktator hatte bereits seinen Großneffen Gaius Oktavius als *magister equitum*, als Befehlshaber seiner Reiterei unter dem Vorwand nach Apollonia gesandt, dessen Bildung vervollständigen zu müssen. In Wirklichkeit sollte sich der junge Mann jedoch in Makedonien, wo Cäsars Legionen sich für den Krieg an der Donaugrenze bereithielten, an das Militärleben gewöhnen. Die Verschwörer beschlossen daher, schnell zu handeln, bevor Cäsar die Stadt verließ. Sie mußten sich eingestehen, daß Cäsar selbst noch aus weiter Entfernung die römische Politik beherrschen würde. Hätten sie ihre noch nicht ausgereiften Attentatspläne zur Vollendung bringen können, hätten sie wohl auch alle wichtigen Männer aus Cäsars Umgebung beseitigen lassen. Um den Diktator herum war zwischen seinen Anhängern und engsten Gefolgsleuten ein kompliziertes System von Beziehungen und Abhängigkeiten entstanden. Um Cäsars Macht vollständig zu brechen, reichte es daher nicht aus, nur den Diktator selbst aus dem Weg zu räumen.

Am 15. März schlugen die Verschwörer während einer Senatssitzung zu, die im Auditorium des Pompeius-Theaters abgehalten werden sollte. Marcus Antonius wurde beim Betreten des Gebäudes abgelenkt und in ein Gespräch verwickelt, um ihn von Cäsar zu trennen. Nach der Bluttat ergriffen nahezu alle Senatoren die Flucht. Antonius verbarrikadierte sich in seinem Haus und erwartete das Schlimmste. Als jedoch nichts geschah, handelte er schnell und energisch, rief den Senat für den 17. März zu einer Versammlung im Tellus-Tempel zusammen, der sich nahe seines Hauses und in Reichweite seiner Truppen befand. Wie durch ein Wunder gelang es ihm, einen völligen Zusammenbruch der staatlichen Ordnung zu verhindern. Er sah davon ab, die Verschwörer aus Rache für Cäsars Ermordung verfolgen zu lassen. Ein Bürgerkrieg drohte, konnte

Büste des Marcus Antonius, die ihn im Alter von etwa 40 Jahren zeigt. So könnte der Feldherr auch zur Zeit von Cäsars Ermordung und der Schlacht von Philippi ausgesehen haben.

jedoch noch einmal abgewendet werden. Kleopatra könnte Verbindung zu Antonius aufgenommen haben, um sich ein Bild von der Lage in Rom zu verschaffen. Für kurze Zeit war Rom wie gelähmt und wartete gespannt ab, wie sich die Dinge weiterentwickeln würden. Einen schrecklichen Augenblick lang müssen sowohl Kleopatra als auch Antonius gefürchtet haben, als nächste den Attentätern zum Opfer zu fallen. Im ersten Moment war es wohl schwer vorstellbar, daß die Verschwörer über die Ermordung des Diktators hinaus keine weiteren Maßnahmen geplant hatten. Da es ihnen um die Beendigung der Willkürherrschaft ging, verbot ihnen aber ihre idealistische Einstellung, sofort die Macht zu übernehmen und sich an die Spitze des Staates zu stellen. Sie schienen nicht mit dem Machtvakuum gerechnet zu haben, das nach Cäsars unvermitteltem Tod entstand, und hatten nicht daran gedacht, wie die Lücke zu füllen war, die der Diktator hinterließ. Die Verschwörer sprachen von Freiheit, brachten den römischen Staat jedoch durch ihre Richtungslosigkeit und ihr zielloses Handeln an den Rand der Anarchie. Antonius ist für seine Leistung, aus Rom nach dem Attentat wieder ein funktionierendes Staatsgebilde gemacht zu haben, nie ausreichend gewürdigt worden.

Sehr bald nach Cäsars Tod verließ Kleopatra Rom. Für ihre Anwesenheit bestand jetzt kaum noch ein Grund, zumal sie sich vermutlich nicht mehr sicher sein konnte, wer zu ihren Freunden zählte und wer ihr feindlich gegenüberstand. Cäsars Tod mußte zu einer Neuorientierung der römischen Politik führen, die zu verfolgen ihr die Zeit fehlte. Vor ihrer Abreise könnte sie mit Antonius zusammengetroffen sein, um sicherzustellen, daß ihre vertraglichen Abmachungen mit Rom weiter Bestand hatten und die Ansprüche ihres Sohnes Cäsarion bei der Eröffnung von Cäsars Testament nicht übergangen wurden. In diesem Punkt gab es tatsächlich begründeten Anlaß zur Sorge, denn der Verstorbene hatte in seinem letzten Willen seinen Großneffen Gaius Oktavius als Haupterben eingesetzt. Ihm vermachte Cäsar einen Großteil seines Vermögens, ihn allein betrachtete er offenbar als seines Erbes würdig. Cäsars Freunde und Weggefährten erhielten hingegen wenig, und selbst Antonius wurde in dem Testament nur in zweiter Reihe bedacht.

Damals schien der achtzehnjährige Gaius Oktavius, der sich kurz darauf Gaius Julius Cäsar Oktavianus nennen sollte, nicht besonders bedeutend zu sein. Er befand sich noch bei Cäsars Legionen in Apollonia und hatte keine Anstalten getroffen, die Truppen für einen Marsch nach Rom zu mobilisieren. Er war noch so jung und darüber hinaus ständig krank, daß ihn nur wenige als ernsthaften Mitbewerber auf der politischen Bühne betrachteten. Die dringendste Frage war jetzt, wer genug Macht und Einfluß besaß, um Cäsars Platz einnehmen zu können. Gegenwärtig sprach alles für Antonius. Die meisten Gegner Cäsars fürchteten seinen Einfluß, wurden jedoch von seinem moderaten Vorgehen angenehm überrascht. Bis dahin war Antonius äußerst erfolgreich gewesen. Niemand konnte ihn zurecht schwerwiegender Fehler zeihen. Merkwürdig war allerdings, daß Antonius, der Cäsars Sekretär Faberius weiter beschäftigte und alle Unterlagen des Diktators an sich genommen hatte, plötzlich unter ungeklärten Umständen zu ausreichenden Geldmitteln kam, aus denen er seine umfangreichen Schulden beglich. Anhand von Cäsars Aufzeichnungen gelang es Antonius zudem, den Senat dazu zu bringen, nicht nur alle von Cäsar in Angriff genommenen Projekte zu bestätigen, sondern auch all jene, die bisher nicht über das Planungsstadium hinausgekommen waren. Es überrascht nicht, daß Antonius Unehrlichkeit und verstecktes Eigeninteresse vorgeworfen wurden. Da er aber über Truppen verfügte und in der Zwischenzeit viele von Cäsars Anhängern und Förderern für sich hatte gewinnen können, befand er sich in einer nahezu unangreifbaren Position und war darüber hinaus der einzige, der fähig schien, die durch Cäsars Ermordung entstandenen Schwierigkeiten zu bewältigen. Viele Römer verdankten ihre Ämter und Posten Cäsar. Daher wäre eine Rücknahme von Cäsars Gesetzen und Erlassen einer Abschaffung der Regierung und der Lähmung weiter Teile des Staatsapparats gleichgekommen. Andererseits mußte die Bestrafung der Verschwörer in Rom zu permanenten Feindseligkeiten führen und alles zerstören, was Cäsar mühevoll aufgebaut hatte. Folglich kam es, nachdem Antonius in der Lage gewesen war, die Verschwörer, die sich auf dem Kapitol verschanzt hatten, zu Verhandlungen zu überreden, zu einem von beiden Seiten mißtrauisch beäugten Waffenstillstand.

In der römischen Welt blieb es also verhältnismäßig ruhig. Marcus Antonius bemühte sich, den Frieden aufrechtzuerhalten. Cäsars Großneffe meldete Anspruch auf das Erbe des Diktators an und betrat so die Bühne der Weltgeschichte. Dies war die Lage, als Kleopatra mit Ptolemaios XIV. und dem kleinen Cäsarion nach Ägypten zurückkehrte.

3. Ägypten und Rom

Der genaue Zeitpunkt von Kleopatras Rückkehr nach Ägypten ist unbekannt. Bei Cäsars Begräbnis am 20. März war sie zweifellos anwesend und erlebte mit, wie Antonius dem Verstorbenen in seiner berühmten Rede huldigte. Obwohl er sich nicht an den Wortlaut der Originalrede hielt, hat Shakespeare die Stimmung, in der sich Antonius befunden haben muß, hervorragend wiedergegeben und dessen Auftritt bei Cäsars Begräbnisfeier unsterblich gemacht. Aus Ciceros Briefen geht hervor, daß Kleopatra Italien bis Mitte April 44 v.Chr. verließ oder zumindest bald aufzubrechen beabsichtigte. Cicero, der es vorzog, sich von Rom fernzuhalten, schrieb Atticus am 15. April, gegen Kleopatras Abreise sei nichts einzuwenden. Es scheint, als hatte Kleopatra zu diesem Zeitpunkt bereits das Land verlassen. Cicero gebraucht das Wort *fuga*, also Flucht, um ihre Abreise zu beschreiben, so als habe Kleopatra aus Angst überstürzt die Rückkehr nach Ägypten angetreten. Der Abschied von Rom ging vermutlich nicht so würdelos vonstatten, aber Cicero sah jede der Handlungen Kleopatras zwangsläufig in einem schlechten Licht. Tatsächlich ertrug er es kaum, ihren Namen auszusprechen. In seinen Briefen nennt er sie stets nur „die Königin".

Spätestens im Hochsommer des Jahres 44 v.Chr. war Kleopatra wohl zurück in Ägypten. Detaillierte Angaben über ihre Unternehmungen liegen nicht vor. Wahrscheinlich hatte sie bereits ausführliche Pläne geschmiedet, wie sie ihre Macht in Ägypten absichern konnte. Ihr wichtigster römischer Verbündeter existierte nicht mehr. Bis jetzt gab es noch keinen Politiker seines Kalibers, der seinen Platz hätte einnehmen können. Ägypten brauchte eine starke Regierung und eine funktionierende Wirtschaft, bevor sich Kleopatra um den nächsten römischen General kümmern konnte, der sich für ihr Land zu interessieren begann. Sie gab sich nicht der Illusion hin, Rom und Ägypten könnten friedlich Seite an Seite existieren, ohne sich in die Angelegenheiten des jeweils anderen einzumischen. Da Kleopatra langfristig dachte und den Thron von Ägypten für sich selbst und ihren Sohn Cäsarion sichern wollte, könnte sie die Beseitigung ihres Bruders geplant haben. Bis zu diesem Zeitpunkt hatte sie den fünfzehnjährigen Ptolemaios XIV. politisch weitgehend ignoriert und lediglich verhindert, daß er in den Bann einflußreicher Ratgeber geriet, die vorhatten, dem Beispiel von Potheinos und

Achillas zu folgen. Als Kind hatte Ptolemaios XIV. sich möglicherweise ihrer Führung anvertraut. Nun mußte Kleopatra jedoch fürchten, daß sich der Heranwachsende ihr zunehmend widersetzen würde und nach mehr Unabhängigkeit und größerem Einfluß in der Regierung verlangte. Kleopatra hatte keine Zeit für Diskussionen an der Staatsspitze und beabsichtige erst recht nicht, irgendeine Opposition aufkommen zu lassen. Im September 44 war Ptolemaios XIV. tot. Kleopatra erhob ihren dreieinhalbjährigen Sohn Cäsarion zum Mitregenten.

Über den Tod Ptolemaios' XIV gibt es nur Spekulationen. Eine plötzlich einsetzende schwere Krankheit wird mitunter als Todesursache genannt. Andere gehen davon aus, daß der junge König vergiftet wurde. Flavius Josephus, der im 1. Jahrhundert n.Chr. lebende jüdische Geschichtsschreiber, zweifelt nicht daran, daß Kleopatra ihren Bruder durch Gift umbringen ließ. Jemanden eines Giftmordes zu zeihen, war damals eine weitverbreitete Praxis, hatte allerdings in einer Zeit wenig zu sagen, in der es zwar ausführliche religiöse Vorschriften für die Nahrungszubereitung gab, moderne Mittel zur Lagerung von Essen und regelmäßige Hygienekontrollen jedoch fehlten. Das heiße Klima trug seinen Teil dazu bei, Nahrungsmittel schnell ungenießbar werden zu lassen. Wieviele Argumente sich auch zu Kleopatras Verteidigung anführen lassen, Tatsache war jedenfalls, daß ihr das Ableben Ptolemaios' XIV. so gelegen kam, daß es nicht wundert, wenn Zeitgenossen und spätere Geschichtsschreiber sie des Mordes an ihrem Bruder beschuldigen. Öffentliche Proteste sind uns nicht überliefert, was jedoch nicht heißen muß, daß es sie nicht gab. Ptolemaios könnte jedoch derart von der Außenwelt abgeschirmt worden sein, daß ihn nur wenige Leute kannten. Wenn es Kleopatra gelungen war, Gefolge und Dienerschaft ihres Bruders in ihre eigene Entourage zu integrieren, waren diese, froh, mit ihrem Leben davon gekommen zu sein, wohl vernünftig genug, über das Vorgefallene zu schweigen.

Nachdem die zweifellos vorhandene Opposition fast vollständig zum Schweigen gebracht und Kleopatra im eigenen Land nahezu unangreifbar geworden war, konnte sie sich daran machen, Ägypten zu stärken. Dabei verlor sie vermutlich keine Sekunde das Geschehen in Rom aus den Augen. Die Tatsache, daß Kleopatra so lange außer Landes bleiben konnte, ohne daß es zu Unruhen kam oder Aufstände ausbrachen, spricht für die effiziente Arbeit ihrer Minister, Beamten und Verwaltungsangestellten, die mitunter vermutlich ziemlich rück-

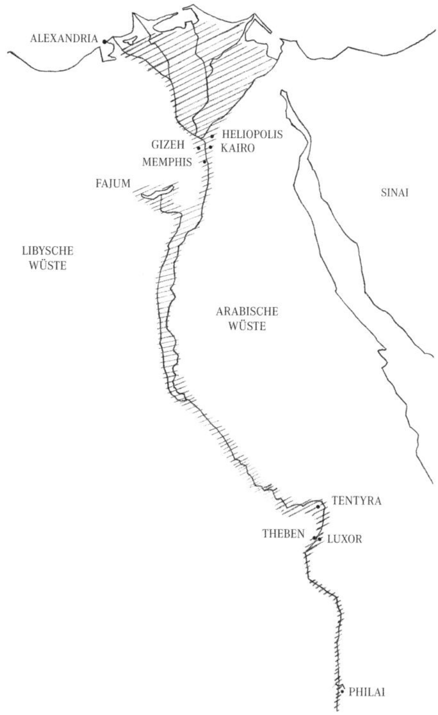

Ägypten. Auf der Karte ist das Überschwemmungsgebiet des Nils schraffiert, dessen jährliches Hochwasser in der Antike die Quelle der Fruchtbarkeit und des legendären Reichtums Ägyptens bildete.

sichtslos vorgingen. Kleopatra verfügte wohl über eine Reihe treuer, zuverlässiger Untergebener, deren Namen uns nicht überliefert sind. Es gibt kaum detaillierte Beschreibungen ihrer alltäglichen Regierungsarbeit. Das wenige, was uns bekannt ist, bezieht sich allgemein auf die Herrschaft der Ptolemäer in Ägypten.

Ständige Regierungsaufgaben betrafen die Kontrolle der Nahrungsversorgung, die Teilnahme an religiösen Zeremonien und die Überwachung des Handels in Alexandria. Die zentrale Überwachung der Nahrungsproduktion etwa war seit jeher die Aufgabe der ägyptischen Herrscher gewesen. Als Nachfolger der Pharaonen gehörte den Ptolemäern alles Land. Ein beträchtlicher Teil davon unterstand staatlicher Verwaltung. Auf diese Weise war die Rationierung von Nahrungsmitteln bei drohenden Hungersnöten einfacher zu bewerkstelligen. Was die Nahrungsversorgung betraf, war Ägypten dank der regelmäßigen Nilschwemmen weitgehend autark.

Dennoch waren Importe notwendig, etwa von Holz, in dem nahezu baumlosen Land eine Seltenheit. Ägypten förderte den Handel mit allen möglichen Gebrauchsgütern, zumal der Staat alle Importe besteuern konnte. Für jede Klasse von Handelsgütern gab es einen bestimmten Steuersatz. Königliche Beamte legten die Steuern fest und überwachten deren Einzug. Kleopatra unterstützte auch Handel und Geschäftsabschlüsse außerhalb von Ägypten und nahm sich bietende günstige Gelegenheiten sofort wahr, zum Beispiel als Antonius Herodes bei seinem Kampf um den judäischen Thron unterstützte. Als Herodes mit Antonius' Hilfe wieder an die Macht gekommen war, eignete sich Kleopatra die Balsamhaine des Königs bei Jericho an, die sie ihm anschließend für 200 Talente pro Jahr wieder verpachtete. Eine Umrechung in moderne Währungen macht aufgrund der damals hohen Inflation keinen Sinn, es handelte sich jedenfalls um sehr viel Geld. Außerdem gewann Kleopatra das Königreich von Nabatäa, das einst den Ptolemäern unterstanden hatte, zum größten Teil wieder zurück und erlangte so das Monopol für den Abbau von Bitumen. Herodes wurde beauftragt, den jährlichen Pachtzins von Malchos, dem König von Nabatäa, einzuziehen. Kleopatra war nur bereit, Zeit, Aufwand und Geld zu investieren, wenn das betreffende Unternehmen Profit versprach.

Auch aus dem umlaufenden Münzgeld schlug die ägyptische Königin Profit, indem sie den Edelmetallgehalt senken ließ, die Münzen aber weiterhin ihren alten Wert behielten. Um sicherzustellen, daß die Kaufleute ihr Münzgeld zum Nennwert akzeptierten, ließ sie den Nennbetrag in die Münzen prägen. Dies scheint uns selbstverständlich, war aber zuvor noch nicht erfolgt. Kleopatra besaß die zur Umsetzung ihrer Maßnahmen erforderliche Macht und konnte zusehen, wie sich ihre Schatztruhen Tag für Tag weiter füllten. Indem sie Münzen prägen ließ, auf denen nur ihr eigener Name, nicht aber der eines königlichen Gefährten oder Mitregenten erschien, brach Kleopatra abermals mit der Vergangenheit, ja sie gab nicht einmal vor, ihren Thron zu teilen, um den geheiligten Bräuchen in Ägypten gerecht zu werden. Ihre Münzportraits zeigen sie mit einer großen, manchmal auffallend gekrümmten Nase. Ihr Haar ist in der Regel zurückgekämmt, wird von einem Stirnband oder einem Diadem gehalten und ist hinter dem Hals geflochten oder in einem Haarknoten befestigt. Bei mehreren Skulpturen findet sich die gleiche schlichte Frisur, die dazu herangezogen worden ist, andere Kunstwerke als Abbilder der Königin zu identifizieren.

Kleopatra als Göttin Isis. Relief aus dem Tempel von Dendera.

Vermutlich eiferten ihr jedoch viele Frauen nach und ließen ihr Haar auf die gleiche Weise frisieren.

In religiöser Hinsicht wurde Kleopatra mit Isis, der Göttergattin des Osiris, gleichgesetzt, Cäsarion mit deren Sohn Horus. Dies war ein besonders glücklicher Umstand, da Horus der Rächer seines toten Vaters war. Cäsarion trug den Beinamen Philopator, also „der seinen Vater liebt", wodurch die Verbindung zwischen Cäsar – Cäsarion und Osiris – Horus augenscheinlich wurde. Bei der Geburt ihres Sohnes ließ Kleopatra Münzen prägen, auf denen sie beim Stillen Cäsarions zu sehen war, was den vielen Abbildungen der Horus stillenden Isis entsprach, die die Christen später als schwarze Madonnen verehrten. Kleopatras Bezugnahme auf kultisch-religiöse Vorstellungen richtete sich nicht allein an die Ägypter, sondern auch an die griechischstämmige Bevölkerung, für die Osiris, Isis und Horus die ägyptischen Äquivalente von Dionysos, Aphrodite und Eros waren. Alexander der Große hatte sich mit Dionysos gleichgesetzt, und Kleopatras Vater Auletes hatte sich als „Neuer Dionysos" feiern lassen. Als Antonius seine Herrschaft über die östliche Hälfte des römischen Imperiums antrat, identifizierte auch er sich mit Dionysos, einem Gott, den die Völker des Ostens besonders schätzten. Seine sich nach Cäsars Tod entwickelnde Beziehung zu Kleopatra als Isis-Aphrodite hob beide über die Ebene sterblicher Menschen hinaus, aber in der Region waren die Menschen ohnehin gewohnt, ihre Herrscher als Götter zu betrachten.

Als Befehlshaber aller im Osten des Imperiums stationierten Truppen war es unvermeidlich, daß Marcus Antonius mit Kleopatra in Kontakt kam. Vermutlich bereitete sie sich auf ein Zusammentreffen mit dem Römer vor, nachdem sie die Ereignisse im Anschluß an Cäsars Ermordung mitverfolgt hatte. Nach Cäsars Tod war die römische Welt in rivalisierende Machtbereiche einander bekämpfender Parteien zerfallen. Bald herrschten wieder bürgerkriegsartige Zustände. Der junge Gaius Oktavius kehrte nach Rom zurück, um sich der Öffentlichkeit als Cäsars Erbe zu präsentieren. Dabei wurde er von Antonius in gewissem Umfang unterstützt. Da es dem Konsul gerade erst mit viel Mühe gelungen war, den Frieden zu bewahren, konnte er es allerdings nicht begrüßen, daß der neue Cäsar lautstark seine Bereitschaft verkündete, Rache für die Ermordung des alten zu nehmen, und so die Vereinbarungen zur Erhaltung des Friedens gefährdete, die Antonius unter Aufbietung all seiner Geduld im Senat durchgesetzt hatte.

Gaius Oktavius erhielt den Löwenanteil von Cäsars Vermögen. Dies war jedoch noch nicht alles. Gemäß Cäsars letztem Willen gehörte er nun als dessen Adoptivsohn zur Familie der Julier. Römischem Brauch entsprechend war er nun berechtigt, sich Gaius Julius Cäsar Oktavianus zu nennen. Der letzte Namensbestandteil diente als Hinweis auf seinen ursprünglichen Namen. Der neue Cäsar gebrauchte den Namen Oktavianus jedoch nie, sondern bestand darauf, wie sein Adoptivvater genannt zu werden. Allerdings kennen wir ihn heute unter dem Namen Oktavian bzw. unter seinem späteren Ehrentitel Augustus, dem ihn ein ergebener Senat lange nach seinem Sieg über Antonius und Kleopatra verlieh. Oktavian unternahm alles, um seine Adoption vom Senat förmlich bestätigen zu lassen. Ohne diesen Beschluß stand das politische Erbe, das er für sich beanspruchte, auf tönernen Füßen. Das römische Recht ermöglichte eine Adoption eigentlich nur, wenn beide Parteien noch am Leben waren. Eine Adoption per Testamentsbeschluß war zumindest ungewöhnlich, wenn nicht gar illegal. Moderne Historiker und Rechtswissenschaftler haben ähnliche Fälle in der römischen Welt untersucht, um nachzuweisen, daß ein solches Vorgehen durchaus geltendem römischen Recht entsprach. Andere Experten gehen davon aus, daß eine Adoption nach dem Ableben einer der Parteien nicht rechtlich verankert war. Vermutlich trifft letzteres zu. Jedenfalls bemühte sich Oktavian im Jahre 44 verzweifelt darum, seine Adoption vom Senat ratifizieren zu lassen. Dieses Mal scheiterte er noch mit seinem Ansinnen. Später ließ er jedoch, gleich nachdem er selber Konsul geworden war und sich so in einer stärkeren Position befand, das entsprechende Gesetz verabschieden.

Obwohl Antonius Rom vor allen Ausschreitungen bewahrt und den Ausbruch eines Bürgerkriegs verhindert hatte, verschlechterten sich gegen Ende seiner Amtszeit die Beziehungen zwischen ihm und dem Senat. Brutus und Cassius hatte man Aufgaben in den Provinzen übertragen, um sie aus Rom zu entfernen. Anstatt jedoch die ihnen nicht angemessen erscheinenden Ämter anzunehmen, flohen sie in den Osten, wo sie mit Gewalt die Herrschaft an sich rissen und begannen, ein Heer aufzustellen. Jetzt war Kleopatra zu äußerster Vorsicht gezwungen. Sie war den Mördern Cäsars wohl kaum freundlich gesonnen, mußte jedoch damit rechnen, daß Brutus und Cassius von Ägyptens Reichtum angezogen wurden, Unterstützung forderten und durchaus bereit waren, diese mit militärischen Mitteln zu erzwingen.

In Rom machte sich allmählich Unruhe bemerkbar. Es schien, als hätten die Cäsar-Gegner, aufgestachelt durch Ciceros Brandreden, kriegerische Auseinandersetzungen angestrebt. Der Redner war im September 44 auf die politische Bühne zurückgekehrt. Als Konsul hatte Antonius an Cäsars Stelle die Führung der Staatsgeschäfte übernommen, ohne jedoch zu tyrannischen Maßnahmen zu greifen. Nichtsdestotrotz wurde er jetzt vom Senat in die Rolle des Staatsfeindes gedrängt. Seine Amtshandlungen als Konsul waren dafür wohl weniger ausschlaggebend als die potentielle Gefahr, die er für den Senat verkörperte. Nach Ablauf seines Konsulats sollte er als Statthalter nach Makedonien gehen. Diesen noch zu Cäsars Lebzeiten gefaßten Plan verwarf Antonius nun und wählte statt dessen die Provinz Gallia Cisalpina, die näher bei Italien lag und ihm ermöglichen konnte, die politischen Ereignisse in Rom zu verfolgen und im Notfall schnell einzugreifen. Zuvor mußte er jedoch den rechtmäßig ernannten Statthalter Decimus Brutus absetzen, einen der Cäsar-Mörder. Um für dieses Unternehmen gerüstet zu sein, beorderte Antonius Cäsars Legionen aus Makedonien zurück. Vorerst fügte sich der Senat dieser Maßnahme noch. Die Opposition formierte sich jedoch bereits. Ein weiterer Bürgerkrieg stand vor der Tür. Cicero erlebte den zweiten Höhepunkt seiner Karriere, als er eine raffinierte rhetorische Kampagne gegen Antonius einleitete. Ciceros Schmähreden sind in Anlehnung an jene, die der Grieche Demosthenes drei Jahrhunderte zuvor gegen Philipp von Makedonien geführt hatte, als „Philippiken" oder „Philippische Reden" bekannt geworden.

Schließlich zog sich Antonius nach Gallia Cisalpina zurück, wo er auf den unnachgiebigen Decimus Brutus traf. Antonius als energischer und zielstrebiger Heerführer hatte die Truppen seines Gegners bald in Mutina, dem heutigen Modena in Norditalien, eingeschlossen. Innerhalb kürzester Zeit zog ihm jedoch eine Senatsarmee entgegen, die Decimus zu Hilfe gesandt worden war. Neben Cicero spielte auch Oktavian eine Rolle im Geschehen. Dieser hatte ohne Genehmigung des Senats aus vielen Cäsar und Cäsars Sache treu ergebenen Soldaten ein Heer aufgestellt und brauchte dringend eine Legitimation seines politischen und militärischen Status. Als noch nicht Volljähriger war er auf einflußreiche Verbündete angewiesen, die ihm zur Macht verhelfen konnten. Cicero ließ sich vermutlich von jedem blenden, der ihm aufmerksam zuhörte und seine eigene Meinung für sich behielt. Oktavian konnte beides hervorragend.

Unter dem Vorwand, die Konsuln des Jahres 43, Hirtius und Pansa, in ihrem Kampf gegen Antonius unterstützen zu wollen, gelang es ihm irgendwie, den Senat davon zu überzeugen, ihm ein militärisches Kommando zu verleihen. Wie der Adoptivsohn Julius Cäsars den Senat glauben machen konnte, er werde einem der Cäsar-Mörder zu Hilfe eilen, konnte nie zufriedenstellend erklärt werden. Oktavian war wohl ein sehr guter Schauspieler.

Die erste Schlacht gegen Hirtius und Pansa gewann Antonius. In der zweiten, bei Forum Gallorum ausgetragenen Schlacht wurde er jedoch geschlagen und zog sich unmittelbar darauf im April 43 von Norditalien über die Alpen ins jenseitige Gallien zurück. Der Senat jubelte, obwohl einer der beiden Konsuln in der Schlacht gefallen und der zweite später seinen Wunden erlegen war. Immerhin sah es so aus, als sei Antonius endgültig ausgeschaltet worden. Man erwartete, daß Decimus Brutus mit seinen Truppen, unterstützt durch die jetzt von Oktavian geführte Senatsarmee, kurzen Prozeß mit ihm machen würde. Die Senatoren täuschten sich in zwei Punkten. Erstens kamen in Krisensituationen Antonius' hervorragende Führungseigenschaften zum Vorschein. Er schaffte es, sein Heer ohne größere Verluste über die Alpen zu führen. Zweitens ließ sich Oktavian Zeit, verzögerte das Vorrücken der Verfolger, erfand immer neue Ausflüchte und weigerte sich, Decimus Brutus zu Hilfe zu kommen, dessen Legionäre zu Antonius überliefen oder desertierten und Decimus in einer verzweifelten Situation zurückließen. Der Mitverschwörer der Cäsar-Mörder wurde schließlich von einem gallischen Häuptling erschlagen, möglicherweise auf Antonius' Befehl.

Im Sommer 43 deckte Oktavian seine Karten auf. Die Konsulatsposten waren verwaist. Er schickte eine Delegation seiner Soldaten nach Rom, die den Senat um seine Ernennung zum Konsul bitten sollte. Der Senat lehnte ab. Oktavian war mit 19 Jahren viel zu jung für dieses Amt. Die Senatoren glaubten zudem, auf Oktavian verzichten zu können, da dessen Truppen im Krieg gegen Antonius offensichtlich nicht mehr gebraucht wurden. Erst als die Nachricht in der Stadt eintraf, Oktavian marschiere in Begleitung von acht Legionen nach Rom, begannen die Senatoren, sich um ihre eigene Sicherheit Gedanken zu machen. Zwei Legionen wurden aus Nordafrika zurückbeordert, aus den Resten der Konsulatsarmee neue Einheiten gebildet, und schließlich wurden Abgesandte ausgeschickt, die Oktavians Legionäre bestechen und zum Überlaufen bewegen sollten. Oktavians Soldaten beschlagnahmten das Geld, es waren jedoch die Truppen des Senats, die auf die gegnerische Seite wechselten.

Den Senatoren blieb nun nichts anderes übrig, als Oktavian im August 43 zum Konsul zu wählen. Mitkonsul wurde sein Verwandter Pedius. Zu Oktavians ersten Amtshandlungen gehörte es, seine Adoption durch Cäsar bestätigen zu lassen. Gleich darauf ließ er alle Cäsar-Mörder anklagen und verurteilen. Diejenigen unter ihnen, die sich noch nicht aus Rom abgesetzt hatten, ergriffen jetzt die Flucht und schlossen sich in den Ostprovinzen Brutus und Cassius an. Nun nahm Oktavian Verbindung mit Antonius auf, der in der Zwischenzeit seine Truppen mit denen der spanischen und gallischen Provinzen vereinigt hatte. Ein Bündnis zwischen Cäsars Erben und Cäsars Stellvertreter war schon immer naheliegend gewesen. Anfangs verfügte Oktavian jedoch über keine ausreichende Verhandlungsbasis und wäre als einer von Antonius' Gefolgsleuten wohl in der Bedeutungslosigkeit versunken. Nun, als Konsul, konnte er Antonius als gleichberechtigter Verhandlungspartner gegenübertreten, selbst wenn seine Truppen Antonius' 22 Legionen zahlenmäßig unterlegen waren.

Die beiden Heerführer trafen sich auf einer Flußinsel bei Bologna und nahmen ihren Amtskollegen Lepidus in ihr Bündnis auf. Lepidus entstammte dem römischen Hochadel, war wohlhabend und ein treuer Anhänger Cäsars gewesen. Als Statthalter der Provinz Gallia Narbonensis hatte er zuerst gezögert, sich dem über die Alpen heranrückenden Antonius anzuschließen. Als dieser jedoch unbewaffnet in sein Feldlager kam, gab er nach und führte Antonius seine Truppen zu. Daraufhin wurde auch Lepidus vom Senat zum Staatsfeind erklärt. Von nun an war sein Schicksal besiegelt. Lepidus wurde der dritte Partner im Triumvirat, wie das Bündnis zwischen Oktavian, Antonius und ihm von nun an genannt werden sollte. Die Begriffe „Triumvirat" und „Triumvir" sind moderne Ausdrücke. Im Lateinischen wurden die Bündnispartner als *Tresviri rei publicae constituendae* bezeichnet, wörtlich: „Drei Männer, ernannt, um die Republik wiederherzustellen". Die Macht der Triumvirn wurde auf fünf Jahre beschränkt. Dies war erforderlich, um ihrem kaum verhüllten Herrschaftsanspruch wenigstens eine formale Grenze setzen zu können. Die Römer hatten mit der Ausübung uneingeschränkter Macht nämlich bereits äußerst schlechte Erfahrungen gemacht.

Ein Aureus aus dem Jahre 42 zeigt Marcus Antonius im Profil. Der Portraitierte wird auf dem Geldstück als Triumvir (III VIR) bezeichnet. Auf der Münzrückseite findet sich der Gott Mars, der seinen Fuß auf einen Schild setzt. Dies symbolisiert die Bereitschaft der Triumvirn zum Krieg, um Rache für Cäsars Ermordung zu nehmen.

Die Triumvirn teilten die römische Welt und alle römischen Truppen unter sich auf. Lepidus erhielt seine alte Provinz Gallia Narbonensis und ganz Spanien; Oktavian wurden Sardinien, Sizilien und Nordafrika zugesprochen. Antonius sollte als Seniorpartner des Bündnissens in Gallia Cisalpina und Gallia Transalpina bleiben. Als nächstes brauchten die Triumvirn Geld für den Unterhalt ihrer riesigen Armeen; sie mußten ferner die gegen sie auftretende Opposition und alle potentiellen Gegner ausschalten. Bei ihrer Ankunft in Rom setzten sie eine furchterregende Welle politischer Säuberungen in Gang, ließen ihre Gegner ermorden und deren Vermögen einziehen. Nicht nur Mitglieder des Senats waren betroffen, auch deren Anhänger und von ihnen abhängige Männer, die als Verwalter und Geschäftsführer für die Senatoren tätig waren. In der sich rasch ausbreitenden Panik kam es zu unvorstellbaren Greueltaten, aber auch zu selbstlosem, heldenhaftem Einsatz zur Rettung anderer. Viele bedrohte Römer flohen zu Brutus und Cassius, noch mehr aber entkamen den Verfolgern nicht. Unter den Opfern war auch Cicero, der zu lange gezögert hatte, die Flucht zu ergreifen. Sein Kopf und seine Hände wurden an die Rostra genagelt, die Rednerplattform vor dem Senatsgebäude, von wo aus er seine Schmähreden gegen Antonius gehalten hatte. Dies läßt darauf schließen, daß Antonius die Verantwortung für die Ermordung des Redners trug. Allerdings profitierten alle Triumvirn von Ciceros Hinrichtung.

Als Kleopatra die Nachricht vom Tod des Redners erhielt, bemerkte sie vermutlich nur, es sei ohnehin höchste Zeit dafür gewesen. Während die Triumvirn ihre Macht im Westen absicherten, hatten auch die Cäsar-Mörder im Osten ihre Position ausgebaut. Die letzte östliche Bastion der Anhänger des toten Diktators war bereits sehr früh im Juli 43 gefallen, als Cornelius Dolabella, der zum rechtmäßigen Statthalter von Syrien ernannt worden war, versucht hatte, die Provinz unter seine Kontrolle zu bringen. Anfangs war er erfolgreich gewesen und hatte Trebonius, den mit ihm konkurrierenden Statthalter der Provinz Asia, erfolgreich ausschalten können. Cassius erreichte jedoch vor ihm Syrien, um dessen Beherrschung es nun zur bewaffneten Auseinandersetzung kam. Kleopatra sandte Dolabella vier Legionen zu Hilfe, ehemalige Soldaten des Gabinius und Teile der von Cäsar in Ägypten zurückgelassenen Truppen. Dio Cassius, der Geschichtsschreiber aus dem 3. Jahrhundert n.Chr., berichtet, daß die Triumvirn Kleopatras Unterstützung und ihre Treue zu schätzen wußten und daher ihren Sohn Cäsarion als Mitregenten Ägyptens bestätigten. Dies war offensichtlich zuvor noch nicht erfolgt. Kleopatra konnte von Glück sagen, überhaupt eine Art von Anerkennung zu erhalten, denn die von ihr ausgesandten Truppen befanden sich in einer miserablen Lage, als Dolabella in Laodikeia belagert wurde und schließlich Selbstmord beging. Der Kommandeur von Kleopatras vier Legionen hatte wohl keine andere Wahl, als den mühsamen Rückzug nach Ägypten anzutreten, ständig verfolgt von den zahlenmäßig doppelt so starken Truppen des Cassius, oder sich diesem anzuschließen und am Leben zu bleiben. Die Soldaten kamen vermutlich zu dem Schluß, daß sie sich weit in Feindesland befanden und es keinen Grund gab, weiter für eine verlorene Sache zu kämpfen. Cäsar war tot, nur noch eine Erinnerung. Cassius als ihren neuen Befehlshaber zu akzeptieren, schien das Beste zu sein, zumal dieser in den östlichen Provinzen hohe Abgaben eintrieb und daher in der Lage war, seine Soldaten zu bezahlen. Als nächstes forderte Cassius von Kleopatra Geld und Nahrungslieferungen. Die Königin schob einigermaßen plausible Ausflüchte vor, anstatt sich offen zu widersetzen. Die Nilschwemme war in jenem Jahr zu spät und in zu geringem Umfang eingetreten, die Ernten waren entsprechend schlecht ausgefallen. Daher mußte Kleopatra mit ihren Vorräten haushalten und konnte ohnehin nur geringe Unterstützung leisten.

Nachdem sie die Opposition in Rom ausgeschaltet und riesige Summen mit mehr oder weniger legalen Mitteln an sich gebracht

Eine im Jahre 42 ausgegebene Goldmünze (Aureus) mit dem Abbild des Brutus. Auf der Münzrückseite sind militärische Trophäen zu erkennen.

hatten, erklärten alle drei Triumvirn den Cäsar-Mördern den Krieg, die zu diesem Zeitpunkt den Osten bereits vollständig kontrollierten. Dorthin mußten die Triumvirn nun den Krieg tragen, dort mußten die entscheidenden Schlachten geschlagen werden. Lepidus blieb in Italien zurück, während Oktavian und Antonius ihre Truppen nach Griechenland übersetzten, wie dies bereits Cäsar vor der Schlacht von Pharsalos getan hatte. Kleopatra schickte ihnen eine Flotte zu Hilfe, die jedoch in einen Sturm geriet und zur Rückkehr nach Ägypten gezwungen wurde. Die Regentin war selbst an Bord eines Schiffs, um ihre Unterstützung der Rächer Cäsars zu demonstrieren, und riskierte bei diesem Unternehmen ihr Leben. Sie kehrte sicher nach Alexandria zurück und wartete dort den Ausgang des Kriegs ab. Antonius und Oktavian beendeten die Auseinandersetzung mit ihrem Sieg in der Schlacht vom Philippi im Oktober 42 v.Chr. Nach den Kämpfen schlossen sich Überreste der Truppen von Brutus und Cassius, die beide ums Leben gekommen waren, der Seeräuberflotte des Sextus Pompeius an. Die Triumvirn beherrschten nun die ganze römische Welt mit Ausnahme des Mittelmeers und konnten die Provinzen unter sich aufteilen, wie es ihren Erfordernissen entsprach. Das jetzt getroffene neue Arrangement ersetzte einige der bei ihrer ersten Konferenz in Bologna gefaßten

Beschlüsse. Lepidus geriet in den Verdacht, Verhandlungen mit Sextus Pompeius aufgenommen zu haben, und verlor daher das Vertrauen seiner Amtskollegen. Er erhielt die Provinz Africa, trat jedoch zunehmend in den Hintergrund, während zwischen Antonius, dessen Verdienst der Sieg über die Cäsar-Mörder größtenteils gewesen war, und Oktavian eine erbitterte Konkurrenz um die Vorherrschaft im römischen Imperium entbrannte. Oktavian beanspruchte Spanien, Sardinien, Sizilien und Korsika. Antonius behielt Gallien und darüber hinaus die gesamten Ostprovinzen. Italien sollte von Oktavian und Antonius gemeinsam regiert werden. Oktavian, der in Rom verblieb, konnte von dort aus jedoch unablässig daran arbeiten, die westliche Hälfte des Imperiums unter seine Kontrolle zu bringen.

Kleopatra betrat die Szene wieder, als sie von Antonius zu einem Treffen in Tarsos im südlichen Kilikien (der heutigen Südtürkei) geladen wurde, offensichtlich um zu dem Vorwurf Stellung zu nehmen, sie habe die Verschwörer Cassius und Brutus unterstützt. Antonius hatte den Winter 42/41 v.Chr. in Athen verbracht und versucht, die komplizierten politischen Verhältnisse in den römischen Ostprovinzen in den Griff zu bekommen, ohne dabei die umliegenden selbständigen Staaten zu vernachlässigen. Zuerst begab er sich nach Pergamon, wo er eine Konferenz einberief, zu der Vertreter aller von Rom abhängigen Staaten des Ostens erschienen. Brutus und Cassius hatten viele dieser Staaten verarmt, wenn nicht vollständig ruiniert zurückgelassen, weil sie dort alle verfügbaren Geldmittel und Vorräte eingezogen hatten. Antonius mußte zwischen Staaten unterscheiden, die sich freiwillig auf die Seite der Verschwörer gestellt, Staaten, die sich Brutus und Cassius nur gezwungenermaßen angeschlossen hatten, und einigen wenigen, denen es gelungen war, sich den Forderungen der Cäsar-Mörder erfolgreich zu widersetzen. Einige Länder waren während der Vorbereitungen auf den Bürgerkrieg und den folgenden Schlachten zwischen den Anhängern und den Gegnern Cäsars weitgehend verwüstet worden. Während er damit beschäftigt war, den Wiederaufbau in diesen Territorien zu unterstützen und die Regenten zu bestrafen, die sich gegen die Triumvirn gestellt hatten, schickte Antonius nach der ägyptischen Königin.

Falls gegen Kleopatra tatsächlich der Vorwurf erhoben wurde, sie habe die Verschwörer unterstützt, mußten Ankläger und Beschuldigte um die Unhaltbarkeit einer solchen Anschuldigung wissen.

Kleopatra hatte alles in ihrer Macht Stehende unternommen, um den Triumvirn zu helfen, obwohl ihre Maßnahmen erfolglos geblieben waren. Ihre Dolabella zu Hilfe gesandten Legionen waren zu Cassius übergelaufen; die Schiffe, die Oktavian und Antonius unterstützen sollten, waren gesunken oder schwer beschädigt nach Ägypten zurückgekehrt. Die gegen Kleopatra vorgetragene Kritik war somit nur ein Vorwand, um sie nach Tarsos zu holen. Daß Kleopatra kam, spricht dafür, daß sie durch die Reise einiges zu gewinnen hoffte. Antonius und Kleopatra hatten einander viel zu bieten. Bevor die Königin sich jedoch auf den Weg machte, gab es noch etwas diplomatisches Gezerre. Die an sie gerichteten Briefe beantwortete Kleopatra zweifellos auf ihre liebenswürdige Weise, ohne jedoch allzu konkrete Zusagen zu machen. Daraufhin wurde Quintus Dellius nach Alexandria entsandt. Antonius' Bote war noch berüchtigter für sein flegelhaftes, „unrömisches" Verhalten als der Triumvir selbst. Kleopatra fand ihn wohl amüsant. Jedenfalls sagte sie nun zu, nach Tarsos zu kommen.

Zu diesem Zeitpunkt war Antonius wohl der bedeutendste römische Politiker. Außerdem war er einer von Cäsars engsten Vertrauten gewesen. Dies machte das Treffen mit ihm für Kleopatra einfacher. Auch im Falle eines Sieges von Brutus und Cassius wäre sie auf den diplomatischen Kontakt mit den römischen Befehlshabern und dem Senat angewiesen gewesen, um die Unabhängigkeit ihres Landes soweit wie möglich zu wahren. In diesem Fall hätte Kleopatra höchstwahrscheinlich hochrangige Gesandte mit der für sie heiklen Mission betraut. Hätten die Verschwörer gesiegt, hätte sie deren ungeheure Machtfülle anerkennen müssen. Auch wenn sie genötigt war, sich im Interesse Ägyptens um friedliche Beziehungen mit den Römern zu bemühen, mußte eine persönliche Zusammenkunft mit Cäsars Mördern doch einen bitteren Nachgeschmack hinterlassen. Hätten Oktavian oder gar Lepidus die östlichen Provinzen übernommen, hätte Kleopatra sie so entgegenkommend wie möglich behandelt, wäre jedoch kaum eine persönliche Beziehung eingegangen, sondern hätte sich auf das Geschäftliche beschränkt. Es war vermutlich angenehmer, mit Antonius, den sie bereits kannte und der ein treuer Anhänger Cäsars gewesen war, um die Unabhängigkeit ihres Landes zu feilschen. Kleopatras persönliche Sicherheit und Zukunft hing von der Unterstützung Roms oder zumindest vom Ausbleiben römischer Angriffe ab. Auf dem Weg nach Tarsos erhoffte sich die ägyptische Königin offensichtlich noch mehr.

Für das Zusammentreffen legte Kleopatra prächtige Gewänder an. Sie war die Königin von Ägypten, die kam, um den römischen Triumvir zu treffen, aber da sie auch Aphrodite war, die zu Dionysos kam, mit römischen Begriffen Venus, die mit Bacchus zusammentraf, wollte sie Eindruck machen – was ihr allen Berichten zufolge auch gelang. Kleopatra schiffte sich in Alexandria auf ihrer berühmten königlichen Barke mit purpurfarbenem Segel ein, die zu ihrer Zeit wie ein Wunder bestaunt wurde und wohl auch heute noch Aufsehen erregen würde. Während der Ausgrabungen im königlichen Hafen der Ptolemäer in Alexandria stießen Archäologen auf die Überreste eines 30 Meter langen Schiffes an der Anlegestelle des Palasts. Dieses Schiff war versenkt worden, möglicherweise von einem gegnerischen Wasserfahrzeug gerammt. Jedenfalls fanden sich Spuren eines großen Lochs in der Schiffswand. An Bord waren noch Überreste der Takellage, kunstvolle Töpfereierzeugnisse, Gegenstände aus Glas und Edelsteine. Mit Hilfe der Radiokarbon-Methode konnte das Alter des Holzes bestimmt werden. Das Schiff war zwischen 90 v.Chr. und 130 n.Chr. erbaut worden. Eine präzisere Datierung ist leider nicht möglich. Das Wrack kann somit nicht eindeutig als Kleopatras Schiff identifiziert werden, vermittelt aber eine ungefähre Vorstellung davon, wie die Barke der Königin ausgesehen haben muß. Selbst wenn es sich nicht um Kleopatras Schiff handelt, auf dem sie Antonius empfing, ist der archäologische Fund aufsehenerregend und liefert viele Informationen über die Bauweise derartiger Fahrzeuge und das alltägliche Leben ihrer Passagiere und der Besatzungen.

Das legendäre königliche Prunkschiff lief in die Mündung des Kydnos ein und brachte Kleopatra flußaufwärts nach Tarsos. Plutarch zufolge war das Fahrzeug eingehüllt in Wolken kostbarer Düfte. Zu beiden Seiten der Königin, die unter einem aus Stoff und Goldfäden gewebten Baldachin saß, standen Dienerinnen und als Liebesgötter verkleidete Knaben, die ihr mit Fächern Luft zuwedelten. Die Beschreibung der königlichen Prachtentfaltung könnte endlos weitergehen und einen Superlativ auf den anderen häufen. Joseph L. Mankiewicz hat in seinem „Kleopatra"-Film vieles übertrieben und sich einiger Detailfehler schuldig gemacht. Dennoch dürfte seine Darstellung der Königsbarke auf dem Weg nach Tarsos in etwa die ungeheure Wirkung wiedergeben, die die prunkvolle Erscheinung von Kleopatras Schiff auf die Betrachter gehabt haben muß. Das märchenhafte Auftreten der ägyptischen Königin war schon zu ihren Lebzeiten legendär. Nun war sie auf dem Weg, den Mann zu treffen, mit dem zusammen sie endgültig in Geschichte und Literatur eingehen sollte. Kleopatra lud Marcus Antonius zu einem Festmahl auf ihr Schiff ein. Plutarch zufolge war das ganze Schiff mit einer Unzahl von Laternen hell erleuchtet. Der Römer wurde von der verschwenderischen Ausstattung der Königsbarke vermutlich vollständig überwältigt. Antonius unternahm in der folgenden Nacht einen Versuch, es Kleopatra als großzügiger Gastgeber gleichzutun, konnte der Königin allerdings bei weitem nicht das Wasser reichen. Plutarch beschreibt, wie Kleopatra Antonius' Charakter schnell erfaßte und ihr eigenes Auftreten sofort dem rauhen, humorvollen Soldatengebaren ihres Gegenübers anpaßte. Antonius mochte Frauen, die dazu in der Lage waren. Er kannte Kleopatra noch aus der Zeit, als sie als Cäsars Gast in Rom geweilt hatte. Diese Facette ihrer Persönlichkeit hatte er möglicherweise damals noch nicht kennengelernt. Vermutlich verfiel er der Königin auf der Stelle.

4. Antonius

Marcus Antonius bereitete einen Feldzug gegen die Parther vor, brauchte Geld und Proviant und mußte sicherstellen, daß es in seinem Herrschaftsbereich ruhig und friedlich blieb, bevor er es wagen konnte, fremdes Territorium zu betreten. Bei dem geplanten Partherfeldzug handelte es sich ursprünglich um ein Projekt Cäsars, das aber erst jetzt höchste Dringlichkeit gewann, da sich die Parther an der syrischen Grenze zunehmend aggressiv verhielten. Neben der Bedrohung der römischen Einflußsphäre im Osten gab es noch ein weiteres Motiv für einen Krieg. Crassus' Niederlage und Tod im Jahr 53 v.Chr. waren immer noch nicht gerächt worden. Das Unternehmen verzögerte sich jedoch, da die Römer zuerst die unabhängigen Staaten an der Grenze zu Parthien stärken und sich ihrer Bündnistreue versichern mußten. Unermüdlich widmete sich Antonius dieser Aufgabe. Dennoch hat man ihm vorgeworfen, er habe seine Pflichten vernachlässigt, indem er seinen Statthaltern und Generalen die Arbeit überließ und Kleopatra im Winter 41/40 v.Chr. wie ein zahmes Schoßhündchen nach Ägypten folgte. Die von Antonius dabei an den Tag gelegte Bereitschaft, Kleopatras Ansprüche anzuerkennen und ihr zu erlauben, Schritt für Schritt alle Territorien des Ostens zu annektieren, die einst zum ptolemäischen Königreich gehört hatten, besiegelte sein Schicksal. Daß Antonius nicht allen Forderungen nachkam, die die Königin in den Jahren ihres Zusammenlebens angeblich an ihn richtete, wurde nie als Entschuldigung akzeptiert.

Für Kleopatra hatte die Beseitigung der ägyptischen Opposition im Jahr 41 höchste Priorität. Ihre Halbschwester Arsinoë befand sich in Ephesos, wo sie im Heiligtum des großen Tempels Zuflucht gesucht hatte. Dort war sie scheinbar in Sicherheit. Allerdings redete sie der Hohepriester als „Königin" an, entweder, weil Arsinoë auf diesem Titel bestand, oder weil er ihr seine Ehrerbietung zeigen wollte, ohne an den Effekt zu denken, den dies auf Kleopatra haben mußte, sobald sie davon erfuhr. Welche Art „Königin" Arsinoë war oder über welches Gebiet sich ihr Herrschaftsanspruch erstreckte, wurde nie explizit ausgeführt. Das spielte für Kleopatra jedoch keine Rolle. Sie mußte Arsinoës Ehrgeiz zuvorkommen, bevor diese tatsächlich eine Revolution in Ägypten anzetteln konnte, oder bevor Aufständische sich auf sie beriefen. Als tote Märtyrerin stellte

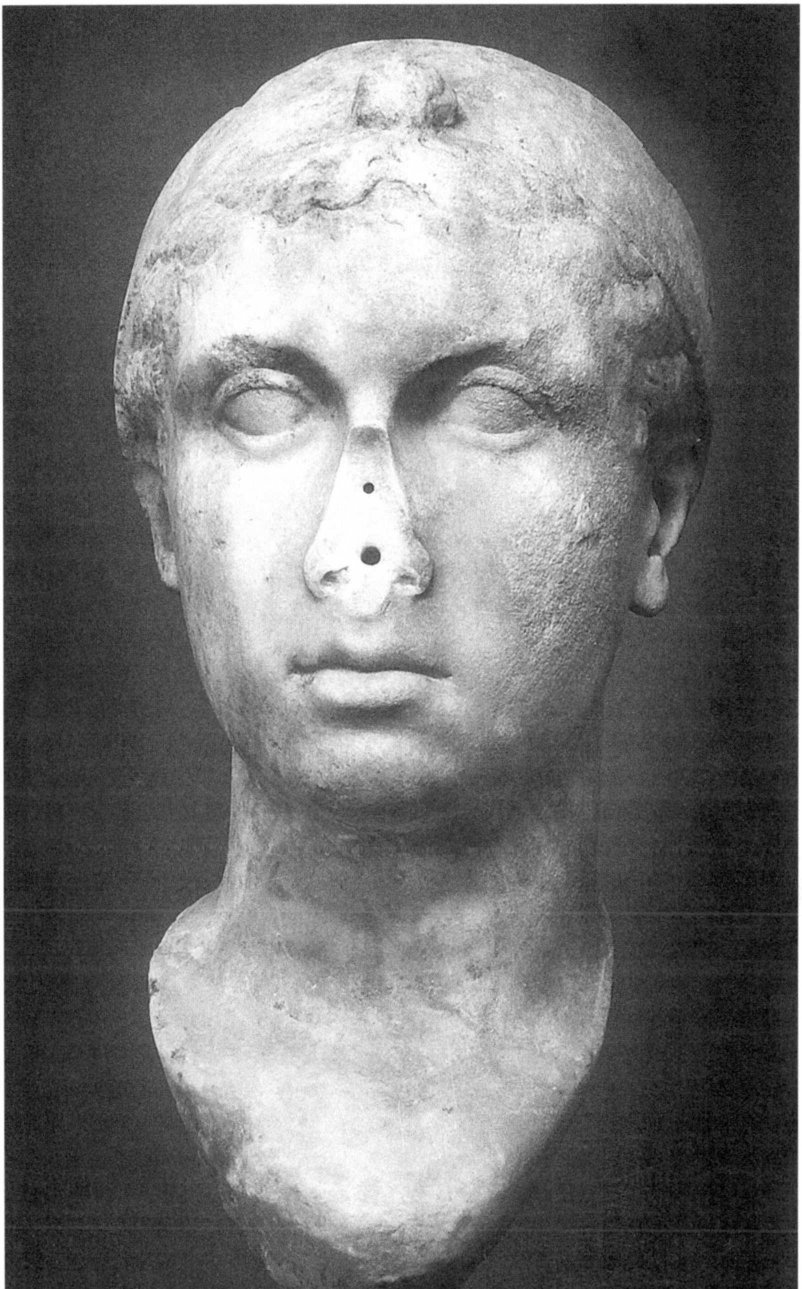

Büste Kleopatras. Die strenge Frisur der Königin findet sich auch auf Münzabbildungen und wurde von anderen Ägypterinnen übernommen, wie zeitgenössische Skulpturen und Portraits zeigen.

Arsinoë für Kleopatra eine weit geringere Bedrohung dar. Angeblich auf ausdrücklichen Wunsch der ägyptischen Königin ordnete Antonius deshalb Arsinoës Hinrichtung an. Der Hohepriester blieb von dem Urteil verschont, obwohl ihn Kleopatra offenbar zusammen mit ihrer Schwester töten lassen wollte. Anscheinend schritt Antonius ein und bremste Kleopatras Mordlust.

Der nächste Gegner, der ausgeschaltet werden mußte, war Serapion, der ptolemäische Statthalter von Zypern, der mit Cassius sympathisiert oder gar paktiert hatte, als dieser vor der Schlacht von Philippi im Osten ankam und Syrien unter seine Kontrolle brachte. Vielleicht beunruhigte Serapion die Anwesenheit römischer Truppen in unmittelbarer Nähe Zyperns. Er konnte sich nicht darauf verlassen, daß die Triumvirn sich nach Osten wenden und Cassius angreifen würden. Auch war ihr Sieg zu Beginn des Kriegs noch nicht abzusehen. Rom war zudem weit entfernt. Daher glaubte Serapion anfangs wohl, eine weise Entscheidung getroffen zu haben. Als Flottenstützpunkt war Zypern für die Verschwörer von unschätzbarem Wert. Sperrte Serapion Zyperns Häfen für ihre Schiffe, bestand die Gefahr, daß sie sich gewaltsam Zugang verschafften und dabei zumindest einen Teil der Insel verwüsteten. Die friedliche Alternative eines Entgegenkommens gegenüber Cassius schien dem Statthalter die bessere Wahl. Höchstwahrscheinlich handelte er dabei auf eigene Faust. Mit Sicherheit erhielt er von Kleopatra keine Befehle, die Cäsar-Mörder zu unterstützen. Um jedoch jeden Verdacht zu zerstreuen, ein Doppelspiel betrieben und auch auf Cassius gesetzt zu haben, mußte Kleopatra Serapion hinrichten lassen. Dabei ging es weniger um dessen Fehlverhalten, als um den Beweis ihrer eigenen Unschuld. Der Statthalter von Zypern stellte mit seiner verschwörerfreundlichen Politik das schwache Glied in ihrer Verteidigung Antonius gegenüber dar und konnte daher nicht begnadigt und mit einer Verwarnung in den Ruhestand geschickt werden. Es war für Kleopatra entscheidend, Antonius zu beweisen, daß sie Gegner der Triumvirn ohne Skrupel beseitigen lassen konnte. Ebenso wichtig war es, allen ägyptischen und alexandrinischen Beamten ins Gedächtnis zu rufen, daß das Wort der Königin Gesetz war und Ungehorsam oder eigenmächtiges Handeln streng bestraft wurden. Antonius billigte die Hinrichtung, um allen Cäsar-Mördern und ihren Anhängern seine Entschlossenheit zu demonstrieren, ihre politische Macht zu brechen und bei ihrer Bestrafung keine Gnade walten zu lassen. Trotz unterschiedlicher Motive hatten Kleopatra und Antonius jeweils genügend Anlaß, Serapion hinrichten zu lassen.

Es gab weitere Todesurteile. Im Osten war ein Thronanwärter aufgetaucht, der behauptete, Ptolemaios XIII. zu sein. Dieser war gegen Ende des Alexandrinischen Kriegs im Nil ertrunken. Die Tatsache, daß Cäsar die Leiche des Königs aus dem Nil holen und zur Schau stellen lassen hatte, hielt den angeblichen Ptolemaios und seine Anhänger nicht davon ab, Ansprüche auf den ägyptischen Thron anzumelden. Die öffentliche Präsentation des Ertrunkenen hatte möglicherweise nur in Alexandria stattgefunden, und die Nachricht vom unwiderlegbaren Tod Ptolemaios' hatte so wohl nur die Ägypter im Norden des Landes erreicht. Es war daher nicht schwer, der Bevölkerung anderer Provinzen weiszumachen, bei der Leiche habe es sich um einen anderen gehandelt. Demnach hatten Cäsar und Kleopatra bloß versucht, den Anschein zu erwecken, Ptolemaios sei tot. Nachrichten flossen in der Antike nur spärlich und besaßen an sich keine Beweiskraft. Es gab kein Fernsehen und keine Zeitungen, die das Bild des Ertrunkenen bis in die entlegensten Teile des Landes verbreiten konnten. Ein politischer Coup konnte für den Thronprätendenten also durchaus erfolgversprechend sein. Immerhin war die Herrschaft in Ägypten jedes Risiko wert. Wer immer dieser Mann auch war, er wählte den falschen Zeitpunkt für sein Unternehmen, da Antonius große Teile des Ostens unter seine Kontrolle gebracht und überall Truppen stationiert hatte. Das unvermeidliche Ergebnis war eine weitere Hinrichtung.

Antonius' Besuch in Ägypten Ende des Jahres 41 v.Chr. ist in die Legende eingegangen. Marcus Antonius betrat Alexandria als Privatmann, nicht als römischer Triumvir oder als siegreicher Heerführer, nicht einmal als Römer im engeren Sinn. Er zog es vor, sich in griechischer Tracht zu kleiden, und lebte, wann immer er in Athen weilte, wo er als junger Mann studiert hatte, wie ein Grieche. Er war nicht das erste Mal in Alexandria und kannte die wortreich vorgetragene Einstellung der Einheimischen, deren Sympathien er durch ein Auftreten als römischer Feldherr nicht gewinnen konnte. Kleopatra gab ein Fest nach dem anderen und führte ihrem Gast den Reichtum Ägyptens vor. Die Politik wurde nie ganz vergessen, trat aber angesichts der schier unbegrenzten Vergnügungen und Zerstreuungsmöglichkeiten in den Hintergrund. Auf einem Bootsausflug versuchte Antonius in ausgelassener Stimmung, der Königin einen Streich zu spielen. Er befahl seinen Sklaven, einige frischgefan-

Marcus Antonius in seinen späten Lebensjahren. Bei dieser Büste dominieren wuchtige, untersetzte Gesichtszüge, wie sie auch auf Münzportraits des Feldherrn erscheinen.

gene Fische an seiner Angelschnur zu befestigen, um vor der Königin mit seinem Fang prahlen zu können, indem er behauptete, in einem einzigen Zug mehr Fische als alle anderen Mitbewerber gefangen zu haben. Kleopatra plante vermutlich bereits, wie sie Antonius diesen Streich zurückzahlen konnte, unternahm vorerst aber nichts. Beim nächsten Angelausflug ließ sie von einem Sklaven einen bereits eingesalzenen Fisch an Antonius' Angel befestigen. Antonius war entzückt.

Harmlose Spielchen dieser Art waren dem Ruf des römischen Triumvirs und der ägyptischen Königin nicht abträglich und lassen die beiden auch heute noch als Menschen aus Fleisch und Blut erscheinen. Die Ägypter und Alexandriner jedenfalls scheinen an dem Verhalten des Paares keinen Anstoß genommen zu haben. Kleopatra hatte Gegner in der Oberschicht beider Bevölkerungsgruppen. Glücklicherweise kannten die Bewohner von Alexandria Antonius und seine Vorlieben bereits und mochten ihn, gerade weil er sich auf so erfrischende Weise von den steifen Römern unterschied, die meistens über Tugend und wahre römische Würde schwadronierten. Antonius war toleranter als seine Landsleute, die sich als Römer fast durchweg allen anderen Völkern überlegen fühlten. Er scheute sich nicht, griechische Bräuche und Elemente anderer Lebensweisen zu übernehmen, wenn diese ihm zusagten. Zufrieden mit sich und der Welt, genoß er alles, was das Leben ihm anzubieten hatte, und gründete einen Zirkel „unvergleichlicher Lebemänner", deren Mitglieder sich durch ihren extravaganten Lebensstil auszeichneten. Antonius war nicht nur ein unvergleichlicher Lebemann, er mußte auch über eine unvergleichliche Leber verfügen, um mit den herkulischen Gelagen und den Unmengen von Wein fertig zu werden, die ihm Kleopatra zukommen ließ. (Pat Southerns Wortspiel geht in der deutschen Übersetzung leider verloren; „liver" kann nämlich sowohl mit dem Wort „Lebemann" übersetzt werden, als auch „Leber" bedeuten. In diesem Sinn hieße der Zirkel auch „Gesellschaft der unvergleichlichen Lebern". Anm. d.Ü.)

Antonius hatte sich eine Phase des Müßiggangs redlich verdient. Zwischen seinem Konsulat 44 v.Chr. und seinem Besuch in Alexandria lagen äußerst anstrengende Jahre. In dieser Zeit hatte er mitansehen müssen, wie sein Freund und Mentor in Rom ermordet worden war, war dann verbannt und zum Staatsfeind erklärt worden, hatte im Frühjahr die verschneiten Alpen überquert und war dabei fast verhungert. Mit unverzeihlicher, aber notwendiger Rücksichtslosigkeit hatte er sich wieder an die Macht gekämpft, den Makedonienfeldzug geplant, die Schlacht von Philippi gewonnen und begonnen, die chaotischen Zustände im Osten des Imperiums zu beseitigen und Ordnung zu schaffen. Hätte sich die ägyptische Königin halsstarrig gezeigt, hätte er, vielleicht unter Schwierigkeiten, eine Übereinkunft mit ihr erzielt. Da sie ihm aber alles schenkte, was Ägypten zu bieten hatte, auch sich selbst, lehnte er nicht ab. Die Königin war unverheiratet und ihre eigene Herrin. Daher war nicht zu befürchten, daß sein Verhältnis mit Kleopatra einen politischen Skandal auslöste. Auf persönlicher Ebene bestand ebenfalls kaum Gefahr, da Kleopatra anscheinend keine eifersüchtigen Liebhaber hatte, die im Hintergrund darauf warteten, den Römer in einer dunklen Nacht niederzustechen. Antonius und Kleopatra sind als berühmte Liebende in die Geschichte eingegangen, auch wenn die Legende das tatsächliche Verhältnis der beiden wohl beträchtlich verklärt. Als Kleopatra im Herbst 40, einige Monate, nachdem Antonius Ägypten verlassen hatte, die Zwillinge Alexander Helios und Kleopatra Selene zur Welt brachte, zweifelte niemand daran, wer der Vater der Kinder war, zumal Antonius sie schließlich als seine eigenen anerkannte.

Während des Winters gab es wohl nur wenige Nachrichten aus Rom. Seereisen waren beschwerlich, und der Weg über Land war lang und gefährlich. Als er sich in Alexandria aufhielt, hatte Cäsar mehrere Monate lang keine Botschaft nach Rom geschickt. Antonius tat es ihm möglicherweise gleich. Der Vorwurf, er habe Rom und seine dort lebende Frau Fulvia vernachlässigt, ist jedoch nur zum Teil berechtigt. Bei ihrer Hochzeit kannte Fulvia Antonius und dessen Ruf als unersättlicher Frauenheld viel zu gut, um allen Ernstes erwarten zu können, er werde sich über Nacht in einen treuen Ehemann verwandeln, der nur für seine Frau da war. Vermutlich liebte sie ihn genug, um ihm alle Freiheiten zu lassen. Im Gegenzug war ihr in Rom vieles erlaubt, von dem ihre Geschlechtsgenossinnen nur träumen konnten, sehr zum Ärger der konservativen Römer, die ihr Verhalten mit Unwillen betrachteten. Fulvia war keine Frau, die sich damit begnügte, für Haushalt und Kinder zuständig zu sein. Wahrscheinlich konnte sie weder spinnen noch weben und faßte in ihrem ganzen Leben keine Nähnadel an. Da Frauen politische Aktivitäten in Rom jedoch verboten waren, konnte sie ihre Ambitionen nicht alleine verwirklichen, sondern war dabei auf ihren Ehemann und dessen Einfluß in Rom angewiesen. Antonius war sich all dessen durchaus bewußt, als er Fulvia heiratete. Keiner der beiden Eheleute gab sich irgendwelchen Illusionen über Charakter und Motive des jeweils anderen Partners hin. Die Geschichtsschreibung folgt bei der Beschreibung von Antonius' berühmter Affäre mit Kleopatra dem Stereotyp des Liebhabers, der für seine neue Geliebte seine Ehefrau ohne Skrupel verläßt. Es sind aber auch differenziertere Interpretationen der Situation zulässig. Fulvia scheint auch weiterhin stets im Interesse Antonius' gehandelt zu haben. Vielleicht ist die Entrüstung der Geschichtsschreiber über Antonius' ehebrecherisches Verhalten fehl am Platz. Eventuell gibt es ja gar keinen berechtigten Grund, Fulvia zu bemitleiden.

Während Antonius und Kleopatra das Leben in Alexandria in vollen Zügen genossen, bereitete Fulvia im Verein mit Antonius' jüngerem Bruder Lucius Antonius, dem Konsul des Jahres 44 v.Chr., Oktavian beträchtliche Schwierigkeiten in Italien. Der Volksmund sprach vom Konsulat des Lucius und der Fulvia, was den großen Einfluß von Antonius' Ehefrau auf die römische Politik verdeutlicht. Zeitgenossen behaupteten, Fulvia wolle nur Streit zwischen Oktavian und Antonius provozieren, um diesen zur Rückkehr nach Rom zu zwingen. Bis heute wird darüber spekuliert, ob sie auf eigene Faust handelte oder von Antonius instruiert worden war. Vordergründig ging es um die vom Makedonienfeldzug zurückgekehrten und inzwischen aus dem Heeresdienst entlassenen Soldaten. Lucius beschuldigte Oktavian vor allem, Antonius' Veteranen bei der Landvergabe zu benachteiligen. Oktavian gab scheinbar nach und erlaubte Antonius' Vertretern, die Entschädigung der Veteranen zu überwachen. Als sich aus der Veteranenfrage kein politisches Kapital mehr schlagen ließ, nahm sich Lucius der Sache der Bauern an, die von ihrem Land vertrieben wurden, um Platz für die entlassenen Soldaten zu schaffen. Die Auseinandersetzung, die sich an diesem politischen Manöver des Antonius-Bruders entzündete, mündete direkt in einen begrenzten, aber blutigen Bürgerkrieg. Die Soldaten selbst versuchten, eine bewaffnete Auseinandersetzung zu vermeiden, indem sie ein Zusammentreffen von Lucius und Oktavian organisierten, das jedoch ergebnislos verlief. Nun gaben Lucius und Fulvia bekannt, sie würden von Oktavian bedroht, und zogen nach Praeneste ab. Oktavian stellte ein Heer auf, übergab das Kommando seinem Freund Marcus Vipsanius Agrippa und ließ Lucius den Rückweg nach Rom abschneiden. Seine Truppen verfolgten die Gegner bis Perusia, dem heutigen Perugia, wo die Antonius-Anhänger Zuflucht suchten. Es kam zur Belagerung der Stadt. Zu Beginn des Jahres 40 v.Chr. kapitulierte Lucius und wurde nach Spanien ins Exil geschickt. Sein Leben blieb ihm, in Spanien unterlag er jedoch der strengen Bewachung durch Oktavians dortigen Statthalter und dessen allgegenwärtige Agenten. Fulvia floh zu Schiff nach Athen. Auch Antonius' Mutter verließ Rom und wurde schließlich von Sextus Pompeius aufgenommen, der sie ebenfalls nach Athen bringen ließ.

Ob Antonius und Kleopatra sich des Geschehens in Rom bewußt waren, kann bis heute niemand sagen. Die ganze Angelegenheit erscheint äußerst merkwürdig. Immerhin gab es für Antonius bei den Auseinandersetzungen in Italien nichts zu gewinnen. Falls er Oktavian stürzen wollte, hätten ihm Mittel und Wege zur Verfügung gestanden, die wesentlich erfolgversprechender waren. Wenn er tatsächlich Lucius und Fulvia auf Oktavian angesetzt, ihnen im einzelnen jedoch freie Hand gelassen hatte, waren diese jedenfalls äußerst stümperhaft vorgegangen. Auch wenn seine Parteigänger auf eigene Faust gehandelt hatten, änderte dies nichts an ihrem Versagen. Hinter den politischen Manövern in Rom stand möglicherweise die Absicht, soviel Unruhe zu stiften, daß Italien im Chaos versank. Dann hätte Antonius in Rom als Retter auftreten und Ruhe und Ordnung wiederherstellen können. Dies erinnert an Pompeius' alten Trick, sich aus allen Unruhen herauszuhalten und abzuwarten, bis er gebeten wurde, zur Rettung des Staates einzuschreiten, um sich dann durch schnelles und effizientes Handeln soviel Macht wie möglich anzueignen. Dabei wurde stets deutlich, daß Pompeius bereits seit langem darüber nachgedacht hatte, wie er die Situation in den Griff bekommen konnte. Antonius hatte Pompeius' Aufstieg als Augenzeuge mitverfolgt und möglicherweise seine Schlüsse gezogen. Wenn ihm zu beweisen gelang, daß Oktavians unfähige Regierung Italien gefährdete, konnte er die Macht an sich reißen und Oktavian ausschalten, der zugleich derart in Mißkredit geraten würde, daß er in den nächsten Jahre keine ernsthafte Konkurrenz mehr darstellte. Lepidus war bereits bedeutungslos geworden. Da ihn Antonius während der Auseinandersetzungen im Jahre 43 v.Chr. mit Leichtigkeit auf seine Seite gezogen hatte, konnte es auch jetzt nicht schwer sein, dessen Unterstützung zu gewinnen. Das Triumvirat hätte abgeschafft, Antonius ein von der Verfassung gedecktes Amt übernehmen und neben dem Osten auch den Westen des Imperiums beherrschen können. Die Unruhestifter in Italien könnten dies alles in Erwägung gezogen haben. Die Frage ist nur, von wem die Initiative zu ihrem Vorhaben letztendlich ausging.

Um dies beantworten zu können, müßte man vor allem wissen, wie ehrgeizig Antonius war und in welchem Ausmaß er Oktavian als Rivalen betrachtete, der eines Tages ausgeschaltet werden mußte. Zu diesem Zeitpunkt kontrollierte Antonius noch Gallien und konnte mit Hilfe seiner dort stationierten Legionen aus einiger Entfernung Einfluß auf das Geschehen in Italien nehmen, das ihrer Abmachung entsprechend von ihm und Oktavian gemeinsam regiert werden sollte. Im Osten warteten riesige Herausforderungen auf Antonius, daher ist fraglich, ob er – abgesehen von seiner gallischen Domäne – tatsächlich auch den Westen regieren wollte. Seine Liaison mit Kleopatra begann jedoch allmählich, ihre unheilvolle Wirkung auf die Römer zu entfalten. Oktavian machte sich dies zunutze. Auf dem Höhepunkt seiner gegen Antonius gerichteten Propaganda zeichnete er ein Bild von seinem Konkurrenten, das den Eindruck erweckte, dieser habe Rom gleich nach der Schlacht von Philippi verraten und sich, dem finsteren Zauber der ägyptischen Königin erliegend, allen möglichen Aktivitäten zugewandt, die eines Römers nicht würdig waren. Oktavian könnte während des Perusinischen Kriegs auf die Idee gekommen sein, Antonius habe mittels seiner Ehefrau und seines Bruders die Unruhen geschürt und plane, von Kleopatra angestiftet, die ganze römische Welt zu erobern. Oktavian war davon nicht notwendigerweise überzeugt, wußte jedoch genau, wie er derart brisante Informationen für seine Propaganda nutzen konnte, indem er mit Andeutungen und Anspielungen arbeitete, vermeintlich belanglose Bemerkungen fallen ließ und sich scheinbar verwundert nach Antonius' Motiven fragte, um schließlich zu dem schier unglaublichen Fazit zu kommen, Kleopatra strebe vielleicht gar die Herrschaft über die ganze bekannte Welt an. Oktavians Methoden waren äußerst subtil und erforderten, immer auf langfristige Wirkung abzielend, geradezu unendliche Geduld. Als die Zeit kam, Kleopatra und damit auch Antonius den Krieg zu erklären, gelang es Oktavian, ganz Rom, Italien und die westlichen Provinzen innerhalb kurzer Zeit gegen die beiden zu mobilisieren. Tatsächlich hatte er wohl schon Jahre zuvor die Grundlagen für seine aggressive Politik gelegt und nur noch auf den geeigneten Moment gewartet.

Antonius' Apologeten sprechen ihn von jeder Schuld, jeder Intrige im Zusammenhang mit den Unruhen in Italien frei und erklären den Triumvir zum Opfer der fehlgeleiteten Versuche von Lucius und Fulvia, seiner Sache zu dienen und Oktavian zu beseitigen. Ohne dies belegen zu können, wird manchmal behauptet, Antonius sei von der politischen Entwicklung in Italien überrascht, gar schockiert gewesen. Davon kann man nicht mit Sicherheit ausgehen. Antonius' Verhalten gegenüber Oktavian in den auf den Perusinischen Krieg folgenden Jahren spricht jedoch für ihn. Als sein Kollege in die langwierige Auseinandersetzung mit Sextus Pompeius verwickelt war und mehr als einmal um Hilfe in Form politischer, finanzieller und militärischer Unterstützung bat, gewährte Antonius Oktavian das Gewünschte ohne zu zögern. Dessen Gegenleistungen erfolgten trotz entsprechender Zusagen nur in unzureichendem Umfang oder gar nicht. Antonius' Partherfeldzug mußte aufgrund von Oktavians Hilfeersuchen dreimal verschoben werden. Nach den Unruhen der Jahre 41 und 40 v.Chr. handelte Antonius nicht wie ein machtbesessener Tyrann, der die Weltherrschaft anstrebt, aber auch nicht wie jemand, dessen Versuch, seinen Rivalen zu beseitigen, fehlgeschlagen ist. Antonius erscheint nicht als der Erzfeind, als den ihn Oktavian später hinstellen ließ. Auch darum war dieser wohl gezwungen, Kleopatra zur größten Bedrohung des römischen Imperiums aufzubauen, um Antonius ausschalten zu können. Selbst kurz vor der entscheidenden Auseinandersetzung hatte Oktavian Mühe, unter Einsatz all seiner propagandistischen Fähigkeiten den Senat und die Römer gegen seinen Rivalen aufzuwiegeln, da Antonius alle gegen ihn erhobenen Anschuldigungen ruhig zurückwies. Es war viel leichter, Kleopatra als den wahren Feind hinzustellen, da sie eine Ausländerin war, den Römern fremder als all deren nördliche Nachbarn. Darüber hinaus war sie aufgrund ihres unermeßlichen Reichtums weit mehr zu fürchten und betrieb im Osten zudem eine expansive Politik, vor allem wenn es um die Versorgung ihres Landes, Zugang zum Meer und Handelsvorteile für Ägypten ging. Es war leicht, Kleopatra unersättlicher Machtgier zu zeihen, da sie offensichtlich ihre Grenzen nicht kannte und ihrem Reich immer neue Territorien einverleibte, wobei es anscheinend keine Rolle spielte, ob diese Ägypten etwas zu bieten hatten oder nicht. Daß Kleopatra eine Frau war und zu Antonius in einer engeren Beziehung stand als alle anderen Herrscher des Ostens, spielte Oktavian in die Hände. Auch als Mann wäre Kleopatra aufgrund des zunehmenden ägyptischen Einflusses in weiten Bereichen des Ostens zum Gegner Roms geworden. Es wäre Cäsars

Großneffen und Adoptivsohn dann jedoch weit schwerer gefallen, Antonius als willenloses Werkzeug im Bann des ägyptischen Herrscherhauses anzuprangern.

Auch wenn ihm die Ereignisse in Italien möglicherweise entgingen, verfolgte Antonius während seines Aufenthalts in Alexandria die Entwicklungen im Osten mit großer Aufmerksamkeit. Die östlichen Provinzen hatte er zuverlässigen Offizieren unterstellt und mit den Staaten, die an römisches und parthisches Territorium angrenzten, Verhandlungen aufgenommen. Über die Jahrhunderte hinweg ist es zur Gewohnheit geworden, Antonius als charakterlosen Versager zu verspotten. Dabei gibt es – abgesehen von der gehässigen Propaganda des Oktavian/Augustus – keine Hinweise darauf, daß Antonius bei der Neuordnung seines Herrschaftsbereichs gescheitert wäre. Der Mangel an überprüfbaren Angaben erweckt allerdings den Eindruck, als habe er dem Müßiggang gefrönt und unter grober Vernachlässigung seiner Pflichten ein ausschweifendes Leben in Alexandria geführt. Die politische Lage im Osten verlangte jedoch behutsames, wohlüberlegtes Handeln und geduldiges Abwarten. Ergebnisse ließen sich nicht durch überstürzte Maßnahmen erzielen. Ein solches Vorgehen hätte katastrophale Auswirkungen gehabt. Zu jedem Staat und jedem unabhängigen Territorium mußte Antonius Beziehungen knüpfen und in seine Überlegungen auch die komplizierten Nachbarschaftsverhältnisse zwischen seinen Verhandlungspartnern miteinbeziehen. Vereinbarungen mit einem Staat zu treffen, wirkte sich zwangsläufig auf die politische Lage in den benachbarten Herrschaftsbereichen aus. Obwohl Antonius die langfristigen Folgen seiner Politik nicht mehr erlebte, spricht für deren Erfolg, daß Oktavian nach der Schlacht von Actium, als Regent des ganzen Imperiums, nicht gezwungen war, umfassende Maßnahmen zur Neuorganisation der Ostprovinzen einzuleiten. Die Könige, Fürsten und Häuptlinge, die auf Antonius' Seite gestanden hatten, waren nach dessen Niederlage der Auffassung, ihre Herrschaft nicht durch sinnlosen Widerstand gegen den siegreichen Oktavian zu gefährden, zumal Antonius tot war. Es machte keinen Sinn, einen Krieg weiterzuführen, der ohnehin nie ihr eigener gewesen war. Oktavian überließ die meisten der ehemaligen Gefolgsleute seines Gegners weitgehend sich selbst, griff nur ein, wenn die Umstände es verlangten, und zog es vor, die Ereignisse im Osten von Rom aus mitzuverfolgen. Hätte Antonius tatsächlich ein politisches Chaos hinterlassen, wäre es für Oktavian schwieriger, wenn nicht gar unmöglich geworden, nach der Schlacht von Actium seine Herrschaft im Osten abzusichern.

Der Angriff der Parther unter Pacorus, einem Sohn des Partherkönigs Orodes, ging auch auf die Initiative des Republikaners Quintus Labienus zurück. Dieser war der Sohn des Titus Labienus, welcher Cäsar in Gallien als fähiger Unterführer gedient, sich bei Ausbruch des Bürgerkriegs aber Pompeius angeschlossen hatte. Sein Sohn Titus begleitete Brutus und Cassius in den Osten und war in diplomatischer Mission zu den Parthern gesandt worden. Dort war er geblieben, nachdem Antonius und Oktavian die Schlacht von Philippi gewonnen hatten, bevor Titus den Cäsar-Mördern mit parthischer Unterstützung zu Hilfe kommen konnte. Nun plante und ermutigte er Überfälle auf römisches Territorium in den Ostprovinzen. Die Lage war bedrohlich. Der Partherangriff forderte schnelle Vergeltungsmaßnahmen. Im Frühjahr 40 v.Chr. verließ Antonius Alexandria, um sich des Problems anzunehmen. Zurück ließ er die inzwischen wieder schwangere Kleopatra. Ihre Trennung sollte fast vier Jahre dauern.

Antonius' politische Bestrebungen waren zu diesem Zeitpunkt erst in ihren Anfängen erkennbar. Dem Triumvir ging es hauptsächlich darum, seine Provinzen zu stärken und die Lage im Osten so weit wie möglich zu stabilisieren, indem er romfreundliche Herrscher in den unabhängigen Gebieten einsetzte oder unterstützte. Die Parther wurden allmählich nervös. In einem Präventivschlag überfielen sie Syrien und Judäa, wo sie die Römer und die von Rom abhängigen Herrscher vertrieben und ihnen geeignet erscheinende Regenten zur Macht verhalfen. In Judäa setzten sie Antigonos auf den Thron. Antonius' Anhänger Hyrcanus wurde verschleppt. Phasael, einer der zwei Brüder, die Antonius als Administratoren der Provinz eingesetzt hatte, wurde getötet. Herodes, der andere Bruder, konnte nur knapp entkommen. Er gelangte bis zur ägyptischen Grenze. Kleopatra gewährte ihm schließlich Asyl. Als er sich von seiner überstürzten Flucht erholt hatte, verschaffte ihm die Königin die Mittel, nach Rom zu reisen. Beide Regenten standen in freundschaftlicher Beziehung zueinander, besonders im Angesicht eines gemeinsamen Feindes. Keiner der beiden hatte von den Parthern viel zu erwarten. Beider Hoffnung stützte sich auf Antonius. Einige Jahre später sollte es zwischen ihnen zu Streitigkeiten über territoriale Fragen kommen, als Kleopatra die außerhalb Ägyptens gelegenen Hafenstädte des alten Ptolemäerreichs für sich beanspruchte. Im Augenblick gab es für sie allerdings keinen Grund, Herodes ihre Hilfe zu verweigern. Ein von Parthien kontrolliertes Judäa stellte eine Bedrohung für ihr Land dar. Herodes seinerseits hatte allen Grund, Kleopatra dankbar zu sein.

Ungefähr zu dieser Zeit fühlte Sextus Pompeius bei Antonius vor, ob der für ein Bündnis zu gewinnen sei. Ein solches Abkommen hätte vermutlich auf die Beschränkung von Oktavians Macht oder gar auf dessen Beseitigung abgezielt. Sextus wäre ein mächtiger Verbündeter gewesen, da er über eine große Flotte gebot, die sich in vielen Kämpfen bewährt hatte. Allerdings war es politisch nicht ratsam, sich mit dem Pompeiussohn einzulassen. Er hatte bereits einmal die Getreidelieferungen nach Rom unterbrochen und konnte die Hauptstadt jederzeit wieder von der Nahrungsversorgung abschneiden. Da er nach den Intrigen der Fulvia und des Lucius versuchen wollte, sich mit Oktavian auszusöhnen, lehnte Antonius einen Pakt mit Sextus ab. Statt dessen verbündete er sich mit dem ehemaligen Republikaner und Senatsanhänger Domitius Ahenobarbus, dessen Schiffe seit Pompeius' Niederlage bei Pharsalos im Mittelmeer kreuzten. Im Gegensatz zu Sextus hatte Domitius keine Nahrungstransporte auf dem Weg nach Rom überfallen.

Es war höchste Zeit, nach Italien zu kommen. Irgendwann im Sommer 40 war Antonius' Legat Calenus, der Oberbefehlshaber der in Gallien stationierten Legionen, gestorben. Oktavian hatte sich über Antonius' Ansprüche hinweggesetzt, den Befehl über die römischen Truppen in Gallien übernommen und so die Provinz an sich gerissen. Sein Vorgehen versuchte er mit der Behauptung zu rechtfertigen, er habe einer Meuterei zuvorkommen wollen und verhindert, daß sich ein anderer Befehlshaber an die Spitze der Truppen setzte. Immerhin lebte Rom in der ständigen Furcht, ein Militärbefehlshaber in Gallien könnte der Versuchung erliegen, es Cäsar gleichzutun und mit seinen Truppen nach Italien zu marschieren. Daher stimmte der Senat Oktavians Vorgehen zu. Bezeichnenderweise erhielt Antonius den Befehl über die Legionen in Gallien nie zurück. Unabhängig vom Ergebnis der kommenden Verhandlungen mit Oktavian hatte sein Einfluß im Westen des Imperiums daher beträchtlich gelitten.

Als sich Antonius und Domitius Ahenobarbus der italischen Küste näherten, mußten sie feststellen, daß der Hafen von Brundisium blockiert worden war und es in der ganzen Umgegend von feindselig gestimmten Soldaten wimmelte. Alles sprach dafür, daß dies auf Veranlassung Oktavians geschehen war. Daher begann Antonius, die Stadt zu belagern, und eroberte zudem das nahegelegene Sipontum. Die Soldaten beider Seiten, die gemeinsam unter Cäsar gedient hatten und nicht darauf versessen waren, sich gegenseitig zu töten, beendeten die Auseinandersetzung durch ihre Weigerung, weiterzukämpfen. Im September 40 v.Chr. nahmen Oktavian und Antonius endlich Verhandlungen auf. Das Ergebnis wurde im Vertrag von Brundisium festgehalten, der die römische Welt in eine westliche und eine östliche Hälfte teilte. Im Westen sollte Oktavian regieren, der Osten wurde Antonius' Domäne. Lepidus behielt Nordafrika, von woher Rom einen Großteil seiner Getreidelieferungen bezog. Es handelte sich um ein bedeutendes Kommando, überschnitt sich jedoch kaum mit den Zuständigkeiten der beiden anderen Triumvirn und bot ihnen darüber hinaus die Möglichkeit, Lepidus von Rom fernzuhalten und ihn so politisch zu isolieren. Oktavian übernahm es, das Mittelmeer von Sextus' Seeräuberflotte zu säubern. Antonius erhielt die Aufgabe, die Parther aus den Ostprovinzen zu vertreiben und den Krieg nach Parthien hinein zu verlagern.

Beide Triumvirn reisten nach Rom, um ihre Übereinkunft öffentlich zu feiern und den Römern ihren Schulterschluß zu verkünden. Im Vordergrund stand dabei wohl die Versöhnung der beiden führenden Männer. Kriege, die in anderen Teilen des Imperiums ausgefochten wurden, schienen die Einwohner der Hauptstadt kaum zu beunruhigen. Man unterstrich die Gemeinsamkeiten, die sich insbesondere auf das politische Erbe Julius Cäsars bezogen, indem Antonius zu dessen Priester ernannt wurde. Kleopatra, die mit dem Konzept des Gottkönigtums vertraut war und die sich daraus für den Regenten ergebenden Möglichkeiten zu nutzen wußte, mußte dies als logische Fortführung von Cäsars Macht betrachten. Auch ihre Verbindung mit Cäsar war in ihrem Reich mit Attributen der Göttlichkeit versehen und so in Begriffe übersetzt worden, die die ägyptische Bevölkerung erfassen konnte. Der Kult des göttlichen Cäsar breitete sich, von Oktavian gefördert, in der römischen Welt aus. Der Triumvir verfolgte dabei seine eigenen Pläne, stärkte damit jedoch nolens volens auch die Position Cäsarions als direkten Abkömmling des vergöttlichten Römerherrschers.

Um den in Brundisium ausgehandelten Pakt zu bestätigen, wurde eine Ehe zwischen Antonius und Oktavians Schwester Oktavia arrangiert. Beider Ehegatten waren kurz zuvor verstorben. Dafür mußte vom Senat eine Sondererlaubnis eingeholt werden, da seit dem Tod von Oktavias erstem Ehemann Marcellus die obligatorische Trauerfrist von zehn Monaten noch nicht verstrichen war. Dabei ging es nicht in erster Linie um eine Respektbezeugung der Witwe für den toten Ehemann. Vielmehr handelte es sich um eine pragmatische Maßnahme, die es erlaubte, bei Kindern, die nach dem Tod des Gatten zur Welt kamen, eindeutig die Vaterschaft feststellen zu können. In Oktavias Fall wurden diese Bestimmungen allerdings umgangen. Der Vater der Kinder, die sie später zur Welt brachte, war eindeutig Antonius.

Kleopatra erfuhr von der Hochzeit vermutlich erst mit einiger Verzögerung. Ihre Reaktion auf die Nachricht wurde nicht schriftlich festgehalten, es gibt diesbezüglich nur Vermutungen. Die Kunde von Antonius' erneuter Eheschließung könnte sie kurz nach der Geburt ihrer Zwillinge erreicht haben, eines Jungen und eines Mädchens, deren Vater Antonius war und die Alexander Helios und Kleopatra Selene genannt wurden. Die Geschichte schien sich zu wiederholen. Ihren Sohn Cäsarion hatte die Königin zur Welt gebracht, nachdem Cäsar sie verlassen hatte, und nun gebar sie Antonius zwei Kinder, ohne zu wissen, ob dieser jemals zu ihr zurückkehren würde. Entscheidend war in beiden Fällen, daß sie auf mehreren Ebenen eindeutige Beziehungen zu den führenden Römern unterhielt und das Bündnis mit Rom fortsetzte, das noch aus den Tagen ihre Vaters und der vorangegangenen Ptolemäerkönige stammte. Ihr Hauptanliegen mag darin bestanden haben, sicherzugehen, daß sie in Rom mächtige Partner besaß, die sie und Ägypten vor aggressiven Absichten anderer römischer Gruppierungen beschützen konnten. Es ging ihr weniger um unsterbliche Liebe, als vielmehr um lebenswichtige Überlegungen. Kleopatra liebte Antonius wohl aus ganzem Herzen, konnte seine Liebe jedoch nicht erzwingen oder den Feldherrn permanent an ihrer Seite festhalten, auch wenn ihr die römische Propaganda genau diesen Wunsch unterstellte. Selbst unser heutiges Bild von Kleopatra entspricht in jener Hinsicht noch weitgehend den von Oktavian verbreiteten Vorstellungen. Tatsächlich konnte ihr ein gezähmter Antonius, der ihr in Alexandria nicht von der Seite wich, nur wenig nutzen. Vielmehr brauchte sie einen willfährigen Helfer, der eine starke Position in der römischen Welt innehatte und nennenswerte Erfolge vorweisen konnte, der in Rom an der Macht blieb und Ägypten gelegentlich Vorteile verschaffte. Daß Antonius jetzt mit Oktavians Schwester verheiratet war, bedeutete nicht, daß er Kleopatra

Diese Silbermünze zeigt Antonius und seine Frau Oktavia. Antonius wird als IMP. COS. DESIG. ITER. ET TERT bezeichnet. Daraus geht hervor, daß er im Jahr 38 sein drittes Konsulat antreten sollte. Auf der Münzrückseite ist zwischen zwei Schlangen der Gott Bacchus bzw. dessen griechisches Gegenstück Dionysos abgebildet.

verstoßen oder sein Bündnis mit Ägypten aufgegeben hatte. Vielmehr klärte Antonius' Pakt mit Oktavian die Zuständigkeiten der Triumvirn und stärkte seine Macht im Osten.

Während seines Aufenthalts in Rom gelang es Antonius, den Senat zur Ratifikation all seiner in den Ostprovinzen getroffenen Maßnahmen und Arrangements zu bewegen. Auch seinen noch beabsichtigten Unternehmungen stimmten die Senatoren im voraus zu. Möglicherweise umriß Antonius in einer Rede vor dem Senat seine Pläne, ohne allzu sehr auf Detailfragen einzugehen. Seine Machtbefugnisse als Triumvir standen ohnehin nicht zur Debatte, waren jedoch auf fünf Jahre beschränkt. Antonius' Herrschaft sollte demnach in zwei Jahren, nämlich 38 v.Chr., ablaufen. Obwohl er und Oktavian sich gemeinsam oder individuell Gedanken über ihr weiteres Vorgehen nach Ablauf ihrer offiziellen Amtszeit gemacht haben müssen, ließen sie nichts von ihren Plänen verlauten, ihr Triumvirat zu verlängern. Vielmehr verfolgten sie die Taktik, möglichst wenig zu sagen und Rom vor vollendete Tatsachen zu stellen. Anscheinend sprach denn auch niemand in Rom die Frage laut aus, wie es nach Ablauf des Triumvirats weitergehen würde.

Die Feiern nach Abschluß des Vertrags von Brundisium wurden durch Sextus Pompeius getrübt, dessen Antwort auf die für ihn äußerst ungünstige Abmachung darin bestand, wieder einmal mit seiner Flotte die Hafenstädte zu überfallen und die Getreidelieferungen aus Nordafrika abzufangen. In Rom kam es zu Ausschreitungen. Die Bevölkerung ließ deutlich erkennen, daß sie die Triumvirn für die mißliche Lage verantwortlich machte und von ihnen eine Lösung erwartete. Oktavian versuchte, eine öffentliche Rede zu halten, wurde jedoch von der Menge mit Steinen beworfen. Antonius mußte Soldaten zu seiner Rettung schicken. Den beiden blieb nichts anderes übrig, als gemeinsam zu handeln und sich für alle erkennbar mit dem Problem auseinanderzusetzen, welches Sextus' Überlegenheit zur See für Rom darstellte. Tatsächlich waren die Triumvirn noch nicht in der Lage, Sextus' Überfällen Einhalt zu gebieten. Ihre Flotte war den Schiffen der Seeräuber zahlenmäßig weit unterlegen, ihre Seeleute verfügten kaum über die nötige Erfahrung. Antonius hatte noch nicht mit dem Feldzug im Osten begonnen. Die Parther hielten immer noch umfangreiche Territorien der römischen Ostprovinzen und mit Rom befreundeter, unabhängiger Nachbarstaaten besetzt. Was Sextus betraf, bestand die einzige Lösung gegenwärtig darin, über Verhandlungen zu einer zufriedenstellenden Vereinbarung zu kommen. Dessen waren sich vermutlich alle Beteiligten bewußt. Im Sommer 39 v.Chr. trafen beide Triumvirn mit Sextus in Misenum zusammen, wo dieser einem nach der Hafenstadt benannten Abkommen zustimmte. Großzügig wurde Sextus gewährt, die Mittelmeerinseln behalten zu dürfen, die ihm zu entreißen die Triumvirn ohnehin zu schwach waren. Auch wurde der Pompeiussohn wieder als römischer Bürger anerkannt, sollte im Jahr 33 Konsul werden und den Peloponnes regieren, den ihm Antonius später überlassen wollte. Im Augenblick erhielt er nichts, möglicherweise bis er den Beweis erbracht hatte, daß er in der Lage war, die Überfälle auf römische Versorgungsschiffe eine Zeitlang auszusetzen. Außerdem konnten die Triumvirn so eigenen Spielraum gewinnen.

Nach den Verhandlungen fand an Bord von Sextus' Admiralsgaleere ein Bankett statt. Um ihr Vertrauen in ihren neuen Partner zu demonstrieren, nahmen Antonius und Oktavian an den Festlichkeiten teil. Ihre Schiffe hielten sie möglicherweise bereit, um auf unvorgesehene Ereignisse angemessen reagieren zu können. Tatsächlich machte Sextus' Admiral Menodorus seinen Befehlshaber

Eine Büste Oktavias.

darauf aufmerksam, wie leicht es ihnen fallen würde, Segel zu setzen, die hochrangigen Gäste aufs offene Meer zu entführen und die Triumvirn auf hoher See verschwinden zu lassen. Sextus könnte einen Moment geschwankt und ein solches Vorgehen in Erwägung gezogen haben. Daß er sich letztendlich gegen den Vorschlag seines Admirals entschied, ist vielleicht nur auf seine Einsicht zurückzuführen, daß er nicht genug Einfluß bei den Römern, beim Senat oder den riesigen Armeen der Triumvirn besaß, um in deren Fußstapfen treten zu können. Vielmehr hätte er sein Schicksal als heimatloser Seeräuber endgültig besiegelt. Der Vertrag von Misenum bahnte ihm zumindest einen Weg in die römische Politik, der ihm bisher verwehrt worden war, weil sein Aufstieg erst nach der Niederlage seines Vaters begonnen hatte.

Den Winter des Jahres 39 verbrachte Antonius mit seiner neuen Frau in Athen. Möglicherweise nahm er Verbindung zu Kleopatra auf. Von der Geburt seiner beiden Kinder könnte er schon ein Jahr zuvor erfahren haben. Niemand kann mit Sicherheit beantworten, ob zwischen Griechenland und Ägypten Briefe offizieller oder persönlicher Natur hin- und hergingen. Unter dem Kommando von Antonius' General Ventidius Bassus, eines fähigen Offiziers, der seine Karriere als gewöhnlicher Legionär begonnen hatte, war der Feldzug zur Stabilisierung der Lage in den Ostprovinzen bereits im Sommer gestartet worden. Nach Antonius' Niederlage bei Forum Gallorum im Jahr 44 und dem anschließenden Rückzug über die Alpen war Ventidius mit drei neu aufgestellten Legionen an den Senatseinheiten vorbeigeschlüpft, um in Gallien zu ihm zu stoßen. Auch nach dem Perusinischen Krieg hatte er sich als nützlich erwiesen, indem er Antonius' Truppen in Italien übernahm und sie vor Oktavian in Sicherheit brachte, der seinen Zorn darüber an Lucius Antonius' Männern und dem belagerten Perusia ausließ.

Mit Ventidius Bassus hatte Antonius einen Mann gewählt, der für die Aufgabe, die Parther aus den von ihnen besetzten Gebieten zu vertreiben, bestens geeignet war. Ventidius verjagte zuerst Labienus und dessen Soldaten, bevor er die Parther aus Syrien trieb. Bereits im Winter 39/38 v.Chr. herrschte wieder Frieden. Ventidius erlegte den Städten, die Labienus und den parthischen Anführer Pacorus unterstützt hatten, Reparationszahlungen auf. Im Frühjahr 38 verließ Antonius Athen, um sich den vielfältigen Problemen der Staaten an der Ostgrenze zuzuwenden, wurde jedoch einmal mehr nach Italien gerufen, um Oktavian beizustehen. Der Vertrag mit Sextus war schon bald gebrochen worden, und Oktavian hatte zur See eine vernichtende Niederlage erlitten, was seine Machtposition in Rom erschütterte. Darüber hinaus benötigte er Schiffe von Antonius, um seine Verluste ausgleichen zu können. Folgsam eilte Antonius nach Brundisium, aber Oktavian erschien nicht. Außer sich über die verlorene Zeit, kehrte Antonius nach Syrien zurück, um den Krieg mit den Parthern zu Ende zu bringen. Ventidius hatte die Schlacht von Gindarus gewonnen und den Kopf des parthischen Anführers als Trophäe erhalten. Nun belagerte er Samosata, da Antiochos, König von Kommagene, dort schutzsuchenden Parthern Zuflucht gewährte. Antonius übernahm das Kommando im Spätsommer, während Ventidius nach Rom zurückkehrte, um einen wohlverdienten Triumph abzuhalten. Da er bald darauf in der Hauptstadt des Imperiums starb, fand seine militärische Laufbahn ein jähes Ende. Gerüchte gingen damals um, Ventidius habe Bestechungsgelder von Antiochos angenommen und die Belagerung von Samosata verzögert. Aus diesem Grund nahm man auch an, er sei bei Antonius in Ungnade gefallen und beseitigt worden. In diesem Fall hätte ihm Antonius allerdings wohl kaum zuvor noch einen Triumphzug zugestanden. Es erscheint darum wahrscheinlicher, daß Ventidius einfach müde und körperlich hinfällig war. Er war etwas älter als Antonius. Im Bundesgenossenkrieg des Jahres 90 v.Chr. hatte seine Familie auf seiten der Verlierer gekämpft, und Ventidius war als Kind im Triumphzug des Pompeius Strabo, des Vaters Pompeius' des Großen, mitgeführt worden. Er muß folglich mindestens 55 Jahre alt gewesen sein, als er gegen die Parther zu Felde zog. Dies war selbst für römische Verhältnisse kein hohes Alter. Man muß jedoch berücksichtigen, daß Ventidius in seiner Jugend Schweres durchgemacht hatte. Es kann daher nicht überraschen, daß er nicht mehr in den Osten zurückkehrte. Die Gerüchte, man habe ihn ermorden lassen, gehen daher wohl vor allem auf Gegner Antonius' zurück, die hinter allem einen Skandal witterten.

Die Belagerung von Samosata endete mit Friedensverhandlungen. Antonius zog ab und kehrte nach Athen zurück, wo er den Winter über blieb, bis im Frühjahr 37 wieder die Zeit für kriegerische Auseinandersetzungen gekommen war. Er hatte keinen Grund, mit den militärischen Ergebnissen des Jahres 38 unzufrieden zu sein, obwohl er bei seinen Vorhaben durch Oktavian aufgehalten worden war. In einigen der Grenzterritorien im Osten setzte er Regenten ein, die Rom freundlich gesonnen waren, um die Region zu stabilisieren und Vorkehrungen für einen weiteren Feldzug gegen die Parther zu treffen. Amyntas wurde zum König von Galatien gemacht, Polemo zum König von Pontos. Gleichzeitig erhielt Antonius Nachricht von einem wichtigen Ereignis im Familienkreis: Im Spätsommer oder frühen Herbst 38 v.Chr. brachte Oktavia seine Tochter Antonia zur Welt. Ob er auf einen Sohn gehofft hatte, ist nicht bekannt. Kleopatra ließ sich durch die Neuigkeiten wohl nicht aus der Ruhe bringen. Ihr mit Antonius gezeugter Sohn war bereits zwei Jahre alt und hatte größere Zukunftsaussichten als jede Römertochter. Die Geschichte sollte dann zwar anders entscheiden und Alexander Helios früh sterben lassen, während Antonius' Töchter zu bedeutenden Persönlichkeiten der römischen Gesellschaft wurden. Im Jahr 38 schien die Zukunft von Kleopatras Kindern jedoch gesichert.

Das folgende Jahr brachte nicht viel Neues. Immer wieder mußte Antonius seine Pläne für den großangelegten Angriff auf Parthien verschieben. In den meisten Fällen war Oktavian dafür verantwortlich, der augenscheinlich nicht in der Lage war, Sextus Pompeius zu schlagen, und sich allmählich in einer verzweifelten Lage befand. Antonius stellte eine Flotte von 300 Schiffen zusammen und segelte nach Italien. Die Geschichte wiederholte sich: Wieder einmal gestatteten Oktavians Befehlshaber in Brundisium Antonius' Schiffen nicht, den Hafen der Stadt anzulaufen. Daher wandte sich Antonius nach Tarent, wo Oktavian schließlich mit ihm zusammentraf. Auf der Basis des dort vereinbarten Abkommens erhielt Oktavian die benötigten Mittel, um seinen Krieg gegen Sextus mit Aussicht auf Erfolg weiterführen zu können. Die erzielte Übereinkunft deckte auch die längerfristigen militärischen Bedürfnisse der Triumvirn ab. Antonius lieh Oktavian 120 Schiffe. Sein Kollege sagte im Gegenzug zu, Antonius 20.000 Soldaten für seinen Krieg gegen Parthien zur Verfügung zu stellen. Das Triumvirat war Ende 38 v.Chr. abgelaufen. Es wurde von den beiden Machthabern durch eine einfache Erklärung um weitere fünf Jahre verlängert und dies wiederum durch eine Volksabstimmung in Rom bestätigt. Die wenigen Monate von Ende 38 bis zum Abschluß der Verhandlungen im Jahr 37, in denen die Triumvirn ohne rechtliche Grundlage geherrscht hatten, wurden dabei einfach übergangen. Es ist nicht bekannt, ob sie ihr erneuertes Mandat auf Ende 38 zurückdatierten, um die nun einmal entstandene juristische Lücke zu schließen, oder ob die Verlängerung des Triumvirats offiziell bei Abschluß ihres Abkommens im Frühjahr 37 in Kraft trat. Ein genaues Datum für das Ende der Ausnahmeregelung wurde jedenfalls nicht genannt. Daher sehen sich moderne Historiker bei der zeitlichen Eingrenzung des verlängerten Triumvirats unlösbaren Problemen gegenüber. Selbst die Geschichtsschreiber der Antike kannten den genauen Zeitpunkt nicht, an dem das Triumvirat beendet werden sollte, und machen widersprüchliche Angaben darüber. Antonius und Oktavian waren wohl nicht darauf versessen, ihrer Herrschaft Zügel anzulegen. Genau festgelegte Termine und andere Begrenzungen ihrer Machtfülle schränkten sie nur in ihrer Handlungsfreiheit ein. Die Triumvirn beschlossen vermutlich, sich dieses Problems anzunehmen, wenn die Zeit dafür kam, und bis auf weiteres keinen Gedanken an den

Tag zu verschwenden, an dem ihr Mandats endgültig ablief.

Als die wichtigen Vereinbarungen endlich unter Dach und Fach waren, war es für einen Angriff auf das Partherreich noch im gleichen Jahr zu spät. Daher begab sich Marcus Antonius nach Antiocheia in Syrien. Bis zur Insel Kerkyra, dem heutigen Korfu, begleitete ihn Oktavia. Von dort schickte Antonius seine Frau zurück nach Rom, um ihre Gesundheit zu schonen. Oktavia erwartete seinerzeit ihr zweites Kind von Antonius. Die damals von Oktavian geschickt lancierten Vorwürfe, der Triumvir habe seine Ehefrau rücksichtslos behandelt, wären also wohl auch erhoben worden, wenn dieser sie mit nach Antiocheia genommen hätte. Antonius könnte aufgrund der Episode zu der Erkenntnis gelangt sein, daß ihm von seinem Amtskollegen ohnehin jede seiner Handlungen ungünstig ausgelegt wurde. Daher beschloß er, fortan nur noch seinem eigenen Willen zu folgen. Nachdem er sich in Antiocheia eingerichtet hatte, sandte er Gaius Fonteius Capito mit einer Einladung zu Kleopatra. Im Hinblick auf Oktavian tat er sich und Kleopatra damit keinen Gefallen. Die materiellen Vorteile, die ihm die ägyptische Königin zu verschaffen versprach, wogen jedoch Oktavians Invektiven mehr als auf. Antonius hatte die Parther ohne nennenswerte ägyptische Unterstützung aus den östlichen Grenzgebieten des Imperiums vertrieben. Jetzt, wo der entscheidende Angriff auf Parthien bevorstand, war er auf Kleopatras Hilfe angewiesen, zumal er durch die Verhandlungen mit Sextus und Oktavian Zeit verloren und darüber hinaus seinem Amtskollegen einen Teil seiner Truppen zur Verfügung gestellt hatte.

Kleopatra kam im Herbst 37 in Antiocheia an und verbrachte den Winter bei Antonius. Abgesehen von dessen Feldzügen nach Parthien und Armenien sollten die beiden sich nicht mehr trennen und Antonius nie wieder nach Rom zurückkehren. Kleopatra brachte Alexander Helios und Kleopatra Selene mit, die Antonius spätestens jetzt als seine Kinder anerkannte. Die Namen der Götter von Sonne (Helios) und Mond (Selene) hatte Kleopatra bewußt gewählt, um an uralte mythisch-religiöse Vorstellungen anzuknüpfen. Dies könnte während ihres Aufenthalts in Antiocheia geschehen sein. Dabei handelte es sich mit Sicherheit nicht um leere Symbolik, sondern darum, den Machtanspruch der Kinder im Osten abzusichern. Deren Beinamen verhießen dem Volk für die Zukunft Sicherheit und Wohlstand. Oktavian konterte, indem er sich in Rom mit dem Sonnengott Apollo identifizierte.

Als Gegenleistung für ihre Unterstützung erlaubte Antonius Kleopatra, weitere Territorien zu besetzen und Schritt für Schritt das Ptolemäerreich in seinen alten Grenzen wiederherzustellen, ja sogar noch auszudehnen. Die Königin wußte genau, was sie wollte. Alle ihre Erwerbungen zielten darauf ab, den Reichtum Ägyptens zu vermehren und den Handel zu fördern. Kleopatra brachte die meisten der bedeutenden Seehäfen nordöstlich von Ägypten und deren umliegende Territorien unter ihre Kontrolle, vor allem die Küstengebiete von Phönizien und Syrien, wo nur die alten Hafenstädte Sidon und Tyros ihre Unabhängigkeit bewahren konnten. Daneben beherrschte sie von nun an auch die Häfen von Hamaxia und Elaeusa Sebaste in Kilikien, im Süden der heutigen Türkei. Auch Judäa, wo Antonius Herodes als König eingesetzt hatte, wollte sie unter ihre Herrschaft bringen. Ventidius Bassus hatte, während er gleichzeitig Samosata belagerte, im Jahr 40 Truppen ausgesandt, um die Parther aus Judäa zu vertreiben. Herodes gelangte Schritt für Schritt an die Macht. Anfangs gehörte Jerusalem nicht zu seinem Herrschaftsgebiet. Als er sich schließlich auch dort durchgesetzt hatte, nannte er seine Palastfestung Burg Antonia, um Antonius seine Dankbarkeit zu demonstrieren.

Angeblich hatte Kleopatra vor, das jüdische Königreich vollständig zu liquidieren, da ein starkes Judäa eine Bedrohung für Ägyptens Reichtum und Sicherheit darstellte. Ebenso erzählte man sich, Antonius habe der Königin aus Schwäche keinen Wunsch abschlagen können. Diese beiden Behauptungen widersprechen sich jedoch, da Kleopatra nur die Balsamhaine des Herodes in ihren Besitz brachte, diesem aber Gaza als Zugang zum Meer nicht streitig machte. Auch erfüllte Antonius ihr im Jahr 37 nicht alle ihre Forderungen, sondern überließ ihr lediglich einige Territorien, die von den Römern besetzt worden waren. Die Römer sahen es nicht gern, wenn Teile ihres Herrschaftsgebiets an fremde Mächte abgetreten wurden. Daher mußte sich Antonius der Risiken seines Vorgehens bewußt sein. Andererseits stellte Kleopatras Herrschaft in bedeutenden und strategisch wichtigen Regionen eine Rückversicherung für Antonius dar, der eben im Begriff stand, mit einem Großteil seiner Truppen gegen die Parther ins Feld zu ziehen.

In Ägypten begann ab dem 1. September 37 v.Chr. eine neue Zeitrechnung. Das folgende Jahr wurde als Kleopatras sechzehntes Regierungsjahr gezählt, gleichzeitig jedoch als das erste Jahr ihrer Herrschaft proklamiert. Diese neue Datierung hat man auf eine Einsetzung des zehnjährigen Cäsarion als Mitregenten oder auf eine

Eine Büste Kleopatras, die sich heute im Cherchel Museum in Algerien befindet. Das auf römische Weise gelockte Haar entspricht nicht der üblichen Darstellung von Kleopatras strenger Frisur. Der sonst übliche scharfe Schnitt der Gesichtszüge erscheint abgemildert. Insgesamt wirkt Kleopatra hier fraulicher. Es könnte sich bei der Dargestellten allerdings auch um Kleopatra Selene, die Tochter von Kleopatra und Antonius, handeln.

öffentlich zelebrierte Hochzeit mit Antonius zurückzuführen versucht. Allerdings wird Cäsarion zu dieser Zeit in den offiziellen Regierungsaufzeichnungen noch nicht erwähnt. Auch Antonius' Name erscheint in diesem Kontext nicht. Michael Grant hat wohl recht mit seiner Vermutung, daß die Restitution des Ptolemäerreichs in seinen alten Grenzen den eigentlichen Anlaß für die neue Zeitrechnung bot. Ihre territorialen Neuerwerbungen waren für Kleopatra von großer Bedeutung, weniger, um ihre Macht zur Schau zu stellen, sondern vor allem, weil Ägypten finanziell und materiell von ihnen profitierte. Selbstverständlich war es nicht ihre Absicht, den neugewonnenen Reichtum gleichmäßig verteilen zu lassen. Die ägyptischen Bauern mußten auch weiterhin hart arbeiten und kümmerten sich vermutlich nicht darum, ob sie ihr Leben in einem mächtigen Land zubrachten oder nicht. Für Kleopatra spielte die Machtfrage jedoch eine entscheidende Rolle.

Für die angebliche Hochzeit von Antonius und Kleopatra liegen keine Beweise vor. Antonius war bereits mit Oktavia verheiratet und hätte sich zumindest in den Augen der Römer der Bigamie schuldig gemacht. Falls die Beziehung zwischen dem Triumvir und der Königin, die für die Staaten des Ostens und vor allem für Ägypten von größter Bedeutung war, tatsächlich durch eine religiöse Zeremonie bestätigt wurde, sind entsprechende Aufzeichnungen verlorengegangen. In den Augen des Volkes war Antonius als Verkörperung des Osiris/Dionysos der Gefährte der Isis/Aphrodite, mit der Kleopatra in Verbindung gebracht wurde. Dies wurde in der griechischen Welt ebenso akzeptiert wie in Ägypten. Darüber hinausgehende offizielle Verlautbarungen oder gar ein Ehegelöbnis existierten wohl nicht. Dennoch konnten sich Antonius' Gegner die Unsicherheit in Bezug auf sein Verhältnis zu der ägyptischen Königin zunutze machen, da Antonius möglicherweise gegen das Verbot verstoßen hatte, Ausländer zu ehelichen. Antonius einzige wörtlich überlieferte Aussage zu seiner angeblichen Ehe mit Kleopatra ist zweideutig. Der Triumvir beantwortete Oktavians nicht abreißende Vorwürfe mit einem in grobem Soldatenton gehaltenen Schreiben, in dem er sein Verhältnis zu Kleopatra mit dem Satz *uxor mea est* beschreibt. Diese Sentenz kann unterschiedlich übersetzt werden. Manchmal wird sie als Frage aufgefaßt und müßte auf Deutsch entsprechend „Ist sie meine Frau?" lauten. Das würde gegen eine Hochzeit sprechen, zumal Antonius im Anschluß Oktavian direkt anging: „Spielt es eine Rolle, wo du deine Erektion bekommst?" –

was den Anschein erweckt, seine Beziehung zu Kleopatra beschränke sich auf die sexuelle Ebene. Da es im Lateinischen jedoch keine Satzzeichen gibt, die eine eindeutige Übersetzung ermöglichen könnten, wurden auch andere Interpretationen vertreten. Als Aussage verstanden, lautet Antonius' Satz nämlich schlicht: „Sie ist meine Frau", und dies gibt Anlaß zu weiteren Vermutungen, etwa der, daß Antonius Kleopatra zwar als seine Frau betrachtete, jedoch nicht offiziell mit ihr verheiratet war oder aber tatsächlich nach ägyptischem Recht eine Ehe mit der Königin eingegangen war. Letztlich handelt es sich bei der Debatte um die richtige Deutung von Antonius' Sentenz um eine rein akademische Diskussion. Offiziell verheiratet oder nicht: Kleopatra und Antonius hatten sich längst unwiderruflich und auf Dauer aneinander gebunden.

Die enge Zusammenarbeit zwischen den beiden wichtigsten Herrschern der östlichen Territorien ging weit über das hinaus, was Cäsar bei der Vorbereitung seines Partherfeldzugs geplant hatte. Vermutlich hatte er an einen Beitrag Kleopatras gedacht und vielleicht sogar beabsichtigt, ihr die Gebiete zu überlassen, die sie namens des einstigen Ptolemäerreichs für sich beanspruchte. Cäsar und Antonius könnten den Feldzug gegen die Parther bereits 44 v.Chr. diskutiert haben, als dieser sich noch im Planungsstadium befand. Zwar sollte Antonius im Falle eines Krieges mit Parthien als Stellvertreter Cäsars in Rom bleiben, dieses Arrangement wurde jedoch durch Cäsars Ermordung, die Antonius alleine an der Spitze des Staates zurückließ, obsolet. Als Staatsmann und oberster Militärbefehlshaber hatte er kein Bestreben erkennen lassen, Rom zu schädigen. Vielmehr hatte er Cäsars Politik zum Wohl der Stadt fortgesetzt. Die Aussicht auf reiche Beute aus Parthien würde den Pöbel begeistern, und die Kaufleute waren begierig, der Armee zu folgen und ihre Handelsbeziehungen bis in die sagenhaft reichen Länder zwischen der römischen Ostgrenze und Indien auszudehnen. Antonius könnte davon geträumt haben, ein neuer Alexander zu werden. Vermutlich waren seine Ziele jedoch weit realistischer gefaßt. Die Eroberung Parthiens würde vorerst genügen. Zu Beginn des Jahres 36 sah alles nach einem Erfolg aus. Im Mai brach Antonius mit der vielleicht größten Armee auf, die Rom je gegen einen Feind ins Feld geführt hatte.

5. Oktavian

Das Jahr 36 v.Chr. sollte sehr ereignisreich werden. Antonius stand eine schwere Niederlage bevor, während sein Rivale Oktavian endlich Erfolge gegen Sextus Pompeius verzeichnen konnte. An den Partherfeldzug knüpften sich von Beginn an hohe Erwartungen. Antonius hatte seine militärischen Fähigkeiten schon mehrfach bewiesen und führte eine riesige, gut ausgerüstete Armee an, die sich vor dem Aufbruch bei Zeugma sammelte. Dieser Ort lag westlich von Carrhae, wo Crassus im Jahr 53 geschlagen worden war. Antonius versuchte gar nicht erst, seine Angriffspläne zu verheimlichen. Möglicherweise wollte er bei den Parthern den Eindruck erwecken, er werde von Zeugma aus direkt nach Osten vorstoßen. Dahinter steckte die Absicht, die parthischen Streitkräfte an die Westgrenze ihres Reiches zu locken, während Antonius über Samosata nach Armenien marschierte, dort nach Osten abdrehte und schließlich von Norden her in Medien und Parthien eindrang. War das Täuschungsmanöver erfolgreich, gelangten die römischen Truppen in den Rücken der Parther und konnten ihre Feinde gemeinsam mit den im römischen Territorium zurückgebliebenen Grenztruppen in die Zange nehmen und so deren König zur Aufgabe zwingen. Der Plan war vernünftig, sein Gelingen hing allerdings davon ab, daß die römische Armee schnell vorankam und den Feind vollständig überraschte. Antonius eilte mit seinen Legionen zu der medischen Hauptstadt Phraaspa, in antiken Quellen auch Phraapa oder Phraata genannt. Wo genau diese Stadt lag, ist nicht bekannt. Jedenfalls befand sie sich auf Antonius' Weg nach Parthien, und der Feldherr meinte, sie erobern zu müssen.

Auf dem Eilmarsch nach Phraaspa ließ Antonius einen Großteil seiner schweren Belagerungsmaschinen hinter sich. Mit dem Schutz des zurückbleibenden Geräts war sein Offizier Oppius Statianus betraut, dem König Polemo von Pontos zur Seite stand. Unversehens griffen die Parther Statianus an, töteten ihn und nahmen Polemo gefangen. Anstatt sie überraschen zu können, hatte Antonius die Feinde nun selbst im Rücken. Er mußte sich mit seinen Truppen aus ihrer Umklammerung freikämpfen und sich bis zu römischem Gebiet durchschlagen. Auf dem mörderischen Rückmarsch verlor der römische Feldherr viele Männer, konnte aufgrund seiner hervorragenden Führungsqualitäten jedoch verhindern,

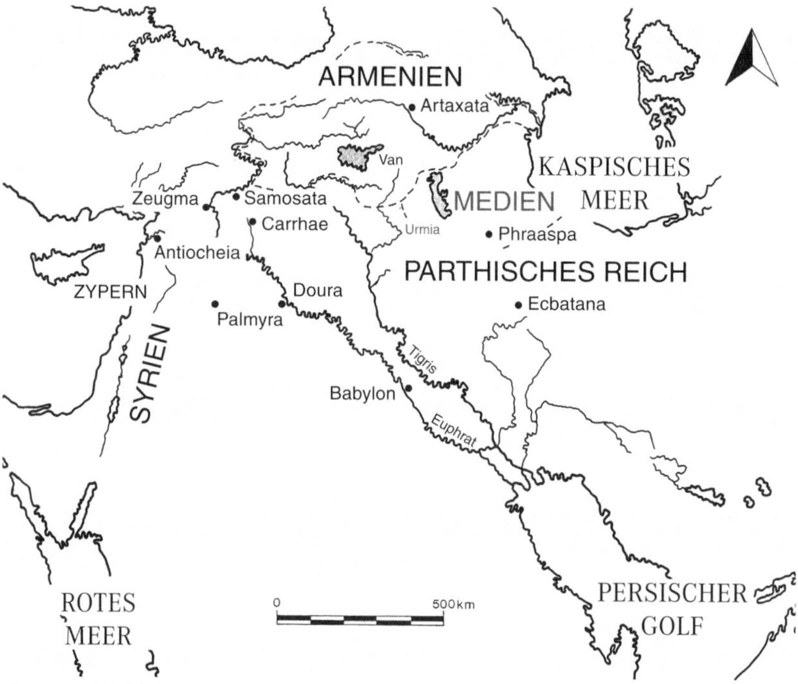

Antonius' Feldzüge im Osten.

daß sein Heer auseinanderfiel. Es gelang ihm, die Disziplin der Truppe aufrechtzuerhalten und Angriffe der nachrückenden Feinde zurückzuschlagen. Bei seiner Ankunft in Armenien betraute Antonius seine Generale Publius Canidius Crassus und Domitius Ahenobarbus damit, die Armee in Sicherheit zu bringen, und ritt nach Syrien voraus, um den Einzug seiner Soldaten vorzubereiten und Winterquartiere errichten zu lassen. An Kleopatra sandte er eine Botschaft mit der Bitte um Proviant, Geld und Kleidung für seine halberfrorenen Männer. Sein Hauptquartier schlug er in Leuke Kome an der syrischen Küste zwischen Berytos und Sidon auf, wo ihm nichts anderes übrigblieb, als auf Kleopatras Ankunft zu warten. Er begann, unmäßig zu trinken, und verbrachte Stunden damit, am Strand Ausschau nach ihren Schiffen zu halten.

Es wurde wohl Januar 35, bis Kleopatra nach Syrien reisen konnte. Die Quellen machen keine Angaben über die Zahl ihrer Schiffe oder die Art der Hilfsgüter, die ihre Flotte mit sich führte. Es muß eine Weile gedauert haben, bis Kleopatra das Erforderliche herbeigeschafft hatte. Dabei konnte sie sich in Ägypten allerdings auf ihre leistungsfähige Verwaltungsorganisation stützen. Zu diesem Zeitpunkt war sie fast 35 Jahre alt und hatte gerade ihr viertes Kind zur Welt gebracht, Antonius' Sohn Ptolemaios Phildadelphos. Bewundernswert ist ihre Ausdauer bei den Bemühungen, stets im Zentrum des politischen Geschehens zu sein. Als sie den Triumvirn im Bürgerkrieg eine Flotte gegen die Cäsar-Mörder zur Verfügung gestellt hatte, begab sich die Königin selbst an Bord, statt geeignete Untergebene mit der Mission zu beauftragen. Jetzt riskierte sie eine Überfahrt im Winter, um Antonius zu Hilfe zu kommen. Ihr Verhalten kann auf unterschiedliche Weise ausgelegt werden. Wie viele Monarchen fand sie es möglicherweise ratsam, wenn nicht gar überlebenswichtig, sich nicht zu sehr auf andere zu verlassen. Vielleicht wollte sie auch in erster Reihe stehen, um sich selbst mit den Taten ihrer Untergebenen schmücken zu können. In diesem Fall wurden ihr jedoch auch Fehlschläge persönlich zur Last gelegt. Ihren römischen Verbündeten konnte sie nicht einfach ignorieren und seiner Verzweiflung überlassen, da sie von seiner Macht im Osten abhängig war. Neben all diesen Motiven spielten sicher auch persönliche Gefühle eine Rolle bei ihrer Entscheidung, Antonius zu Hilfe zu eilen.

Mit ihrer Reise nach Syrien zu Beginn des Jahres 35 verknüpfte Kleopatra ihr Schicksal endgültig mit dem des römischen Triumvirs. Damit beschleunigte sie unfreiwillig die politische Entwicklung, die zum Krieg mit Oktavian und zu ihrer und Antonius' vernichtenden Niederlage führen sollte. Daß Oktavian in Rom schnell an Boden gewann, war Kleopatra wohl nicht entgangen. Im September 36 hatte Cäsars Adoptivsohn die Seeschlacht von Naulochos gewonnen und Sextus Pompeius aus dem Mittelmeer vertrieben. Oktavian ließ sich selbst als Sieger feiern, obwohl eigentlich sein Freund Vipsanius Agrippa die militärischen Operationen geleitet und Sextus bei Naulochos besiegt hatte. Agrippa hatte die Besatzung seiner Schiffe monatelang auf einem künstlich vertieften Binnensee üben lassen, bevor er Sextus angriff. Er hatte die Fehler analysiert, die Oktavians Flotte in den bisherigen Seeschlachten unterlaufen waren, und experimentierte so lange mit unterschiedlichen Angriffsformationen, bis er sich seinem Gegner gewachsen fühlte. So erwarb sich Marcus Vipsanius Agrippa beträchtliche Fähigkeiten in der Seekriegsführung, eine Tatsache, die Antonius und

Eine im klassischen Stil gehaltene Büste Kleopatras.

Kleopatra, die sich um ihre geschlagene, auf dem Rückzug befindliche Armee kümmern mußten, wohl übersahen.

Lepidus' Entmachtung hätte den beiden als Warnung dienen können. Der Statthalter von Nordafrika war mit seinen Schiffen Oktavian im Kampf gegen Sextus Pompeius zu Hilfe geeilt. Nachdem er sich mit seinen Legionären in Sizilien festgesetzt hatte, unternahm er einen zum Scheitern verurteilten Versuch, die Insel unter seine Herrschaft zu bringen. Oktavians Truppen machten kurzen Prozeß mit seinen Männern. Lepidus durfte zwar sein Leben behalten, wurde jedoch aller Ämter enthoben und seiner persönlichen Freiheit beraubt. Oktavian übernahm nun auch die Herrschaft über die Provinz Nordafrika, die Kornkammer Roms. Lepidus' dort stationierte Einheiten ließen die Truppenstärke von Oktavians Heer weiter anwachsen. Der ehemalige Statthalter und Triumvir lebte noch bis zum Jahre 12 v.Chr. und hatte bis zu seinem Tod das Amt des Pontifex Maximus, des obersten römischen Priesters inne, mußte aber für den Rest seines Daseins auf jeden politischen Einfluß verzichten. Nach Lepidus' Sturz lag alle Macht in den Händen von Oktavian und Antonius, die sich zwar noch Triumvirn nannten, nun aber zu zweit das römische Imperium regierten. Ihr Verhältnis zueinander war nicht sehr stabil, konnte aber im Kontext der römischen Politik der letzten Jahrzehnte noch als freundschaftlich bezeichnet werden. Noch war Antonius der Stärkere, da er über größere militärische Erfahrung verfügte und seine Truppen denen seines Partners zahlenmaßig überlegen waren.

Aus heutiger Sicht muß es uns erscheinen, als habe Kleopatra ihre Chance verpaßt, Antonius in Syrien sitzenzulassen, sein Hilfeersuchen mit einer ablehnenden Antwort zu bescheiden und sich statt dessen mit Oktavian zu verbünden. Zwar war Oktavians Stern im Aufsteigen begriffen, doch kann die Bedeutung seiner Erfolge im Jahr 36 nur aus dem Rückblick voll erfaßt werden. Um sich militärische Lorbeeren zu verdienen und mit Antonius als erfolgreicher Heerführer konkurrieren zu können, plante Cäsars Großneffe, seinem Sieg gegen Sextus einen Feldzug gegen die rebellischen Stämme in der Gebirgslandschaft von Illyrien folgen zu lassen. Diese waren den Römern zwar traditionell feindlich gesinnt, stellten jedoch keine echte Bedrohung Roms dar, wenn man davon absieht, daß sie die Landstraßen von Norditalien sowie die Routen entlang der Donau nach Griechenland und in die südlichen Territorien unsicher machten. Im nachhinein fällt es schwer, sich bewußt zu machen, daß Oktavian bis zu seiner Alleinherrschaft als Augustus noch einen langen Weg vor sich hatte und mindestens bis zur Schlacht von Actium fürchten mußte, seinen politischen Einfluß zu verlieren.

Im Jahr 35 v.Chr. betrachtete Kleopatra Oktavian nicht als potentiellen Verbündeten oder als mögliches Werkzeug ihrer eigenen Pläne. Selbst wenn dies der Fall gewesen wäre, hätte sie sich nie nur von persönlichen Vorlieben leiten lassen dürfen. Als Königin verkörperte sie Ägypten, das im Herrschaftsbereich von Marcus Antonius lag, dem obersten römischen Befehlshaber des Ostens. Mit ihm war sie eng verbündet und daher seiner Politik verpflichtet, deren Umrisse sich gerade erst abzeichneten. Vor allem war sie auf Antonius selbst angewiesen, den obersten Vertreter Roms im Osten. Die Zeiten der alten Republik, in denen Beamte, Statthalter und Heerführer vom Senat durch Wahl bestimmt wurden, diesem Gremium folgsam Rechenschaft ablegten und kein persönliches Interesse an unbefristeten Ämtern und umfassenden Machtbefugnissen hatten, waren unwiderruflich vorüber. Kleopatras Wahl mußte somit auf Antonius fallen. Wäre dieser beim Rückzug seiner Armee durch das verschneite Armenien ums Leben gekommen, wären Kleopatra einige Augenblicke der Beklemmung wohl nicht erspart geblieben. Vermutlich hätte sie aufmerksam und gespannt verfolgt, wohin eine solches Fiasko führte. Es gab zu jener Zeit wohl kaum einen Mann, der Antonius' Platz hätte einnehmen können. Canidius Crassus hatte zwar die Truppen im Griff, verfügte jedoch nicht über das nötige Gewicht in der römischen Politik, um Antonius beerben zu können. Kleopatra hätte sich auf Ägypten beschränken, die Abwehrkraft des Landes stärken und womöglich um ihre Landerwerbungen kämpfen müssen. Die Staaten des Ostens hätten sich untereinander zerstritten, einige von ihnen hätten versucht, Kleopatras Herrschaft abzuschütteln, indem sie sich an Oktavian, den einzigen anderen Stern am römischen Himmel wandten, dessen Fähigkeit, historische Chancen zu ergreifen, wenn sie sich ihm boten, ihn dann schon viel früher zum alleinigen Herrscher der römischen Welt gemacht hätte.

Obwohl einige Autoren Antonius ab diesem Zeitpunkt verlorengeben, war er niemals die jämmerliche Gestalt, als die ihn Oktavians/Augustus' Propaganda hinstellte. Seine Ernennung proromischer Herrscher im Osten und die Stärkung der betreffenden Königreiche machten Sinn, und obwohl er die Parther bisher nicht vernichtend schlagen konnte, war eine endgültige Entscheidung im Partherkrieg noch nicht gefallen. Antonius war immer noch der stabilisierende Faktor im Osten, dem es durchaus gelingen mochte, seinen ethnisch und politisch alles andere als homogenen Herrschaftsbereich unter römischer Ägide zu vereinigen. Dabei brauchte er jedoch Kleopatras Hilfe, die sie ihm für seinen nächsten Feldzug nach Armenien 34 v.Chr. bereitwillig gewährte.

Während des Jahres 35 unternahm Antonius nichts Bedeutendes. Wie seine Soldaten brauchte er Zeit, um Kräfte zu sammeln. Wertvolle Ausrüstung und Vorräte waren verlorengegangen und mußten ersetzt werden. Außerdem bedurfte es eines neuen Planes, wie die Verluste wettgemacht werden konnten. Auf politischer Ebene mußte sich Antonius mit Sextus Pompeius auseinandersetzen, der nach der Niederlage bei Naulochos in den Osten geflohen war und Antonius ein Bündnis vorschlug. Es kam jedoch zu keiner Einigung. Wahrscheinlich rechnete Antonius damit, daß ihn ein Pakt mit Sextus in Gegnerschaft zu Oktavian bringen mußte. Als Sextus seine Unzuverlässigkeit unter Beweis stellte und Verhandlungen mit den Parthern aufnahm, sandte Antonius seinen General Titius aus, um ihn zur Vernunft zu bringen und ihn in eine langfristige Abmachung einzubinden. Dies gelang nicht. Anstatt zu verhandeln, griff Sextus Titius an, versenkte einige von dessen Schiffen, konnte seine Hinrichtung dadurch aber nicht mehr abwenden. Das Todesurteil sprach möglicherweise Munatius Plancus aus, der Statthalter von Kleinasien und Syrien, hinter dem jedoch als letzte Instanz Antonius stand, der sich wahrscheinlich nicht einmal darüber freute, die römische Welt von einem ständigen Ärgernis befreien zu können. Auf diese Weise fand der jüngere Sohn Pompeius' des Großen sein Ende.

Antonius war zwar nicht der wankelmütige Versager, als den ihn die Autoren späterer, nach seinem Tod entstandener Quellen hinstellen; seine Karriere scheint im Jahr 35 v.Chr. jedoch einen entscheidenden Wendepunkt erreicht zu haben. Ebenso unwiderruflich, wie sich Kleopatra zu ihm bekannt hatte, entschied sich Antonius für den Osten des römischen Imperiums. Im Westen, wo Oktavian regierte, war für ihn nichts mehr zu gewinnen. In aller Öffentlichkeit kündigte er die Ehe mit Oktavia auf. Unter normalen Umständen hätte er den Winter in Athen oder, so kurz vor dem bevorstehenden Armenienfeldzug, im syrischen Antiocheia verbracht. Statt dessen ging er für die kalte Jahreszeit des Jahres 35 nach Alexandria. Oktavia brachte Geld, Proviant und Soldaten nach Athen, allerdings nicht das volle Kontingent von 20.000 Legionären, das ihr Bruder seinem Amtskollegen in Tarent zugesagt hatte. Sie war Antonius eine gute Ehefrau gewesen, hatte sich nichts zuschulden kommen lassen und kümmerte sich als Mutter seiner beiden Töchter auch um seine anderen Sprößlinge in Rom, die sie behandelte, als seien es ihre eigenen Kinder. Scheinbar aus heiterem Himmel verstieß sie Antonius, indem er sie beauftragte, ihm Truppen und Nachschub entgegenzuschicken, ihr gleichzeitig aber befahl, nach Rom zurückzukehren. Seine Gründe dafür sind nicht ganz klar. Es liegt auf der Hand, daß in erster Linie Kleopatra als die „andere Frau" für Antonius' Handeln verantwortlich gemacht wurde. Angeblich ermutigte die berühmte Ägypterin den Herrscher der römischen Ostprovinzen, alle Beziehungen zu seiner Gemahlin abzubrechen. Tatsächlich könnte Eifersucht eine Rolle gespielt haben. Dies ist jedoch nicht sehr wahrscheinlich und spielt im Vergleich mit den ungeheuren politischen Auswirkungen, die Antonius' Verhalten nach sich zog, auch kaum eine Rolle. Seine Ehe mit Oktavia war nicht aus Liebe geschlossen worden, sondern zur Bekräftigung eines politischen Bündnisses, wie es unter führenden römischen Staatsmännern durchaus üblich war. Aufgrund der sich ständig verändernden Loyalitätsverhältnisse der römischen Politik wurden Frauen als politische Pfänder zwischen den herrschenden Familien hin- und hergeschoben. Mit viel Glück entwickelte sich in den auf diese Weise zustande gekommenen Ehen so etwas wie Liebe. Pompeius und Cäsars Tochter Julia sollen beispielsweise regelrecht vernarrt ineinander gewesen sein. Im schlimmsten Fall drohte unglücklich verheirateten Frauen aber die Hölle auf Erden. Die meisten Frauen führten allerdings Ehen, die irgendwo zwischen diesen beiden Extrempositionen lagen, hatten ihren eigenen Haushalt, verwalteten die Haushaltskassen und nahmen sogar Einfluß auf die Entscheidungen ihrer Männer.

Antonius verhielt sich Oktavia gegenüber nicht ganz so rücksichtslos, wie das zeitgenössische Beschreibungen vermuten lassen. Es sollte ganze drei Jahre dauern, bis er ihr die Scheidung aussprach, auch bei erfolgreichen Ehen ein nicht ungewöhnlicher Vorgang im Ränkespiel der römischen Politik. Cäsar hatte sich einst von einer Frau scheiden lassen, um einen Skandal zu vermeiden. Pompeius schickte seiner Frau den Scheidebrief, als er aus dem Osten zurückkehrte, heiratete anschließend Julia und ordnete so seine Familienbeziehungen seinen politischen Zielen unter. Oktavian nahm Scribonia, eine Verwandte von Sextus Pompeius, aus rein politischen Erwägungen zur Frau und ließ sich, als das Bündnis mit Sextus zerbrach, am gleichen Tag von ihr scheiden, an dem sie seine Tochter Julia zur Welt gebracht hatte. Die Öffentlichkeit reagierte keinesfalls empört über Oktavians herzlose Behandlung seiner tugendhaften Frau. Antonius verstieß seine Frau wohl in erster Linie, um sich von ihrem Bruder Oktavian zu distanzieren. Über seine Gründe kann indes nur spekuliert werden. Jedenfalls machte Oktavian für das Verhalten seines Amtskollegen Kleopatra verantwortlich, die angeblich machtgierige ägyptische Königin, die es seiner Ansicht nach auf die Zerstörung Roms abgesehen hatte.

Nach einer Zeit des Abwartens begann Antonius im Jahr 35 mit den Vorbereitungen für einen weiteren Feldzug im Osten. Im Vorjahr, während des Marsches nach Phraaspa, hatten die armenischen Verbündeten unter ihrem König Artavasdes Antonius im Stich gelassen. Von Anfang an war das Verhältnis zu den Armeniern schwierig gewesen, deren Truppen nicht besonders motiviert waren, in einem Krieg der Römer ihr Leben aufs Spiel zu setzen. Politisch und geographisch lag Armenien zwischen den beiden größten Reichen der Antike. König Artavasdes befand sich zwischen diesen übermächtigen Gegnern in einer äußerst schwierigen Situation. Während seines Rückzugs durch Armenien im Jahr 36 war Antonius nicht in der Lage gewesen, dem unzuverlässigen Bündnispartner seine Macht zu demonstrieren, obwohl die römischen Soldaten eine Strafexpedition forderten. 34 v.Chr. nahm Antonius wieder Verhandlungen mit Armenien auf. Er sandte Dellius als Gesandten zu Artavasdes, um eine Ehe zwischen seinem fünfjährigen Sohn Alexander Helios und der ebenfalls noch im Kinderalter befindlichen Tochter des Armenierkönigs anzubahnen und auf diese Weise ein Bündnis zwischen dem römischen Osten und Armenien zustande zu bringen. Gemeinsam waren die römischen und armenischen Truppen stark genug, den Partherkönig Phraates anzugreifen, der im Moment von Intrigen am eigenen Hof in Anspruch genommen wurde. Noch günstiger für die Römer war das Zerwürfnis des Königs von Medien, der ebenfalls Artavasdes hieß, mit Phraates. Nun bot sich der Meder den Römern als Bündnispartner an. Somit bildete Armenien das letzte Hindernis auf Antonius' Weg nach Parthien.

Der Armenierkönig reagierte nicht auf das römische Angebot. Nachdem Antonius mit friedlichen Mitteln versucht hatte,

Artavasdes für einen Pakt mit den Römern zu gewinnen, griff er jetzt zur Gewalt und ließ eine Invasion Armeniens vorbereiten. Kleopatra begleitete ihn von Ägypten durch Syrien bis zum Euphrat. Eine Lösung der armenischen Frage war unbedingt Voraussetzung für einen erneuten Angriff auf Parthien. Anscheinend gelang es Antonius, das Land verhältnismäßig schnell zu annektieren und zu befrieden. Artavasdes wurde gefangengenommen, Armenien besetzt und mit Garnisonen überzogen. Canidius Crassus blieb als Oberbefehlshaber der Truppen im Land, während Antonius nach Alexandria zurückkehrte. Auf die römischen Legionäre folgten Händler, die sich in Armenien niederließen. Das Land konnte dem römischen Herrschaftsbereich angegliedert werden und als Ausgangspunkt für einen Überfall auf Parthien dienen. Auf Münzen aus dieser Zeit ließ Antonius die Eroberung Armeniens verkünden: ARMENIA. DEVICTA. Dies entsprach den Tatsachen, auch wenn Oktavian das ganze Unternehmen als aufwendigen und unnötigen Rachefeldzug gegen Artavasdes wertete, der Antonius 36 v.Chr. im Stich gelassen hatte.

Nach ihrer Trennung von Antonius am Euphrat unternahm Kleopatra eine Inspektionsreise durch die neu hinzugekommenen Gebiete ihres ausgedehnten Reichs. Auf dem Rückweg über Damaskus nach Ägypten suchte sie Herodes auf, der sich kurz zuvor als Herrscher von Judäa hatte durchsetzen können. Dieser bereitete Kleopatra einen prächtigen Empfang, wie es der Königin von Ägypten und Geliebten, wenn nicht gar Ehefrau von Antonius zustand. Herodes konnte es sich nicht leisten, seinen mächtigen römischen Schutzherrn zu verärgern. Wie wir dem Bericht des jüdischen Geschichtsschreibers Flavius Josephus entnehmen können, war er jedoch über Kleopatras Besuch ganz und gar nicht erfreut. Herodes' eigene Aufzeichnungen sind uns nicht erhalten, aber seine Memoiren dienten als Quellen für das Geschichtswerk des Nikolaos von Damaskus, auf das sich wiederum der im 1. Jahrhundert n.Chr. lebende Flavius Josephus bezog. Nikolaos war von Kleopatra als Erzieher ihrer Kinder angestellt worden und begleitete sie vermutlich mit Alexander Helios und Kleopatra Selene auf ihrer Reise nach Süden durch Syrien und Judäa. Herodes scheint Eindruck auf ihn gemacht zu haben. Jedenfalls diente er dem jüdischen König nach Kleopatras Tod als Berater. Er wurde zu einem Bewunderer Oktavians, dessen Ruhm er später in einer von ihm verfaßten Biographie verkündete. Nikolaos' Angaben über Kleopatra müssen daher mit

Silberdenarius aus dem Jahre 32 v.Chr. mit den Portraits von Antonius und Kleopatra. Die Inschrift ANTONI. ARMENIA. DEVICTA verweist auf Antonius als den Eroberer Armeniens. Kleopatra wird auf der anderen Seite der Münze als „Königin der Könige und der Söhne von Königen" (CLEOPATRAE REGINAE REGUM FILIORUM REGUM) bezeichnet. Das Portrait der Herrscherin ist wenig schmeichelhaft. Ihre Gesichtszüge fallen stärker als bei anderen Abbildungen durch eine fast maskulin zu nennende Schärfe auf. Möglicherweise stand dahinter die Absicht Antonius' und Kleopatras, sich der Öffentlichkeit auch symbolisch als gleichgestellte, „männlich" agierende Herrscher und Eroberer zu präsentieren.

Vorsicht behandelt werden. Erstens hatte sein späterer Herr und Wohltäter Herodes keinen Grund, die Königin, die sich wertvolle Teile seines Reiches angeeignet hatte, zu preisen. Zweitens ließ auch Augustus nie mehr von seiner feindseligen Einstellung gegenüber Kleopatra ab. Gleichzeitig den jungen Oktavian zu verherrlichen und Gutes über Kleopatra zu berichten, war folglich ein Ding der Unmöglichkeit. Als Flavius Josephus zu schreiben begann, war Kleopatra in den Augen der Welt bereits unwiderruflich zur verschlagenen, mächtigen und gefährlichen Gegnerin des römischen Imperiums geworden.

Antonius' und Kleopatras Aktivitäten im Sommer 34 gaben Oktavian ausreichend Anlaß, die Bevölkerung von Rom gegen sie aufzustacheln. Nach der Besetzung Armeniens zog Antonius in einer festlichen Prozession in Alexandria ein, die deutlich an einen römischen Triumphzug erinnerte. Das römische Volk empfand dies als Schlag ins Gesicht, ja als Gotteslästerung, da alle im Krieg gemachte Beute Jupiter Optimus Maximus, dem höchsten römischen Gott, geweiht war, der seinen Tempel auf dem Kapitol hatte. Cäsarion an ihrer Seite, wohnte Kleopatra der Prozession bei. In Rom eintreffende Berrichte aus Ägypten betonten im Übermaß ihr arrogantes, anmaßendes Verhalten und erweckten den Anschein, als habe Antonius ihr seine Kriegsbeute weihen wollen, nicht den römischen Göttern. Die verzerrte Wahrnehmung des Antonius und seiner Taten wurde durch seine folgenden Handlungen noch verstärkt. Kurz nach seinem triumphalen Einzug in Alexandria hielt er eine weitere öffentliche Zeremonie ab, die als die Landschenkungen von Alexandria bekannt wurden. Antonius und Kleopatra saßen einer großen Menschenmenge gegenüber auf ihren Thronen, vor sich die Kinder, die auf etwas kleineren Thronsitzen Platz genommen hatten. Antonius schenkte der königlichen Familie dabei ausgedehnte Ländereien, zum Teil Territorien, die noch nicht erobert waren oder gar nicht direkt Antonius' Herrschaft unterstanden. Alexander Helios sollte König von Armenien, Medien und Parthien werden, obwohl Parthien ein selbständiger Staat und Medien ein verbündetes Königreich war. Das Königreich, das Kleopatra Selene zugewiesen bekam, entsprach schon eher den seinerzeitigen Machtverhältnissen im Osten und umfaßte die Kyrenaika, Libyen und die dazugehörigen Territorien westlich von Ägypten. Der noch nicht einmal drei Jahre alte Ptolemaios Philadelphos sollte Syrien und Kilikien erhalten.

Cäsarion war schon früh zum Erben des ägyptischen Throns bestimmt worden. Antonius unterstützte den Herrschaftsanspruch von Kleopatras ältestem Sohn, bestätigte diesen jedoch auch als Sohn und Erben Cäsars. Was Antonius anbetraf, hatte er nie daran gezweifelt, daß Cäsar der Vater des Jungen war, und war stets bereit gewesen, dafür öffentlich Zeugnis abzulegen. In diesem Augenblick jedoch kam seiner Anerkennung Cäsarions weit mehr Gewicht zu, da er weite Teile des Ostens Kleopatras Vorherrschaft unterstellt hatte und Cäsarion seine Mutter auch in dieser Hinsicht beerben sollte. Die aus Anlaß des Sieges über Armenien geprägten, bereits an anderer Stelle erwähnten Münzen zeigen Kleopatras Kopf, kein geschöntes Portrait, mit hageren Zügen, stechendem Blick, einer

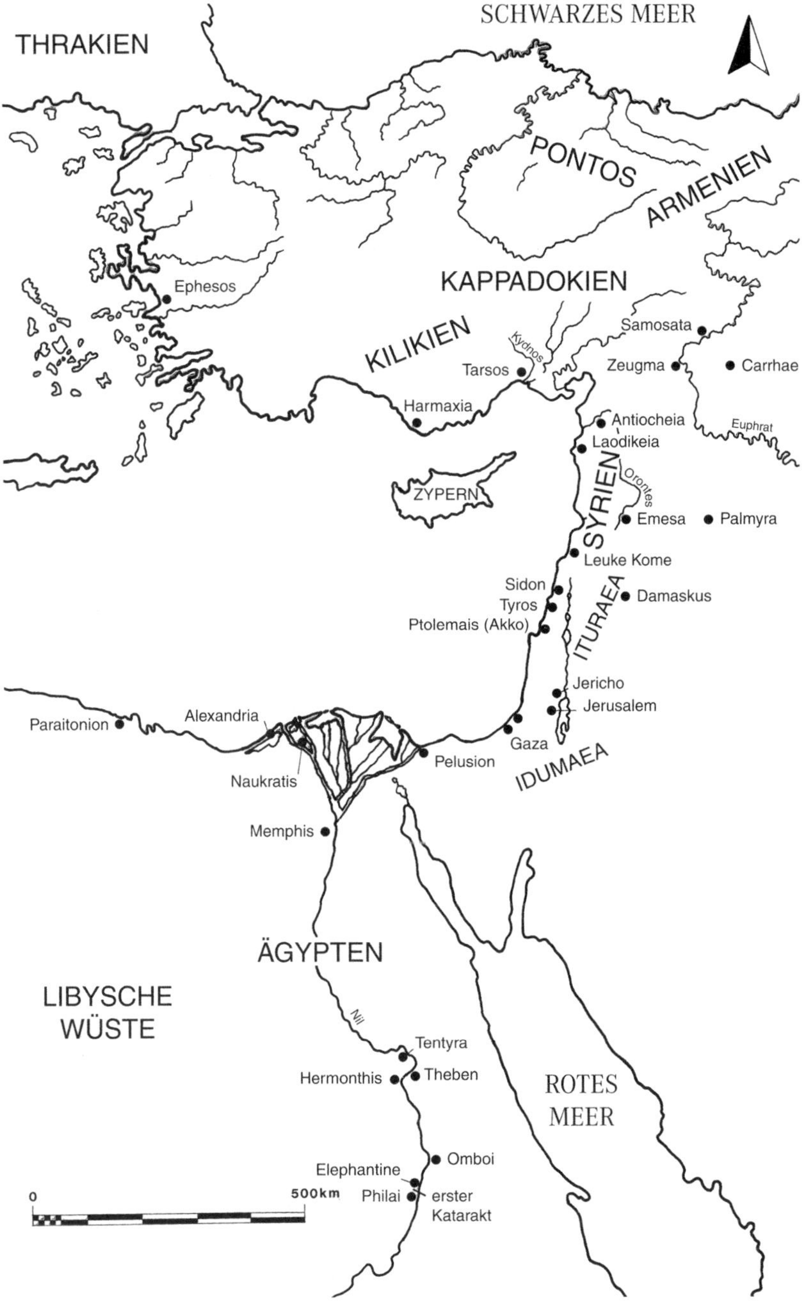

Ägypten und die östlichen Provinzen des römischen Imperiums.

Hakennase und gerunzelter Stirn. Die Aufschrift lautet: CLEOPATRAE REGINAE REGUM FILIORUM REGUM – die Geldstücke waren also „Kleopatra, der Königin der Könige und der Söhne von Königen gewidmet". Die Landschenkungen von Alexandria stellten eine durchaus ernstgemeinte Absichtserklärung dar, das Ptolemäerreich in seiner alten Größe unter der Herrschaft Kleopatras und ihrer Kinder wiederherzustellen. Wie Kleopatra „Königin der Könige" war, würde Cäsarion eines Tages als „König der Könige" herrschen. Weder als Sohn und Erbe Cäsars noch als Ptolemäerkönig stellte der Junge eine echte Bedrohung für Oktavian dar. Als eigentlicher Beherrscher des gesamten Ostens von der Kyrenaika bis nach Syrien und von Ägypten nach Kilikien, der seinen Geschwistern übergeordnet war und dem schier unermeßliche Mittel zur Verfügung standen, konnte er Rom jedoch gefährlich werden. Es war ratsam, einer solchen Entwicklung durch geeignete Maßnahmen rechtzeitig vorzubeugen.

Mit der Unterstützung durch Antonius' Legionen war Kleopatra jetzt in einer stärkeren Position als je zuvor. Nach dem Erfolg des Armenienfeldzugs bestand nun auch Aussicht auf die Eroberung von Parthien. Damit wären Antonius und Kleopatra nahezu unangreifbar geworden und hätten den Osten allmählich unter ihrer Herrschaft vereinigen können. Auch Antonius' Ansehen in Rom mußte auf diese Weise beträchtlich steigen. Das Partherreich war ein langjähriger Rivale Roms gewesen. Seine Eroberung würde dem Sieger Ruhm und Ehre eintragen und ihm zum unschätzbaren politischen Vorteil gereichen. Als sich das Jahr dem Ende zuneigte, war Antonius entschlossen, mit Armenien als militärischem Stützpunkt die Parther 33 v.Chr. erneut anzugreifen.

Im gleichen Jahr sollte das Triumvirat endgültig ablaufen. Bis zu welchem Zeitpunkt die umfangreichen Machtbefugnisse der Triumvirn genau befristet waren, hat Generationen von Historikern beschäftigt und kann im nachhinein nicht mehr zufriedenstellend geklärt werden. Entscheidender ist ohnehin, daß Oktavian jeder Debatte um eine abermalige Verlängerung des Triumvirats zuvorkam, indem er im Gegensatz zu Antonius den Titel eines Triumvirs nicht mehr gebrauchte. Durch seinen Sieg über Sextus und seine militärischen Unternehmungen in Illyrien hatte er sich endgültig den Weg zu Ruhm und Macht geebnet und war auf das Führen formeller Amtsbezeichnungen nicht länger angewiesen. 33 v.Chr. begann Oktavian mit Agrippas Hilfe ein umfassendes Sanierungsprogramm in Rom, ließ baufällige Häuser erneuern, die Kanalisation ausbessern und neue Tempel und Heiligtümer errichten. Die alten römischen Tugenden erlebten unter seiner Herrschaft eine Renaissance. Cäsars Erbe machte vom integrativen Charakter der alten Werte Gebrauch und entwarf ein ideales Bild der römischen Gesellschaft, das er den „unrömischen" Aktivitäten Antonius' und vor allem der ägyptischen Königin erfolgreich entgegenzustellen vermochte.

Oktavians Hetzpropaganda konzentrierte sich nun zunehmend auf Kleopatra. Antonius verfügte in Rom und Italien noch über zahlreiche Anhänger. Auch hatte Oktavian keinen eigentlichen Anlaß, seinen Kollegen und Rivalen direkt anzugreifen. Er hätte sich umsonst abgemüht, die Römer in einen weiteren Bürgerkrieg zu treiben, diesmal gegen einen mächtigen römischen Feldherrn, der Rom bisher keinen nicht wieder gutzumachenden Schaden zugefügt hatte. Die Zeit sollte jedoch bald kommen, ab der sich Oktavian ohne eine dem Triumvirat entsprechende verfassungsrechtliche Regelung an der Macht halten konnte. Er war fest entschlossen, nicht hinter Antonius zurückzufallen, der womöglich bald Parthien eroberte und dessen Ansehen bei einer siegreichen Rückkehr im ganzen Imperium beträchtlich anwachsen würde, vor allem, wenn er reiche Beute mit heimbrachte und den Kaufleuten den Zugang zu den fernen Ländern des Ostens öffnete. Um sich nicht in einer nachgeordneten Position wiederzufinden, mußte Okatavian versuchen, Antonius auf der politischen Bühne ebenbürtig zu bleiben, diesen vielleicht gar zu übertreffen oder ihn als gefährlichen Machtfaktor auszuschalten. Oktavian, Konsul des Jahres 33, gewann allmählich an Sicherheit. Als Belohnung für seinen Sieg über Sextus Pompeius war ihm 36 v.Chr. die gerichtliche Unverantwortlichkeit zuerkannt worden, die sonst nur die Volkstribunen genossen, ein bedeutendes Privileg, das er während seiner ganzen Regierungszeit als Augustus für sich in Anspruch nahm. Seine Kampagne gegen Kleopatra begann er mit einer Rede vor dem Senat, in der er ihr unterstellte, auf Antonius einen schlechten, geradezu bösartigen Einfluß auszuüben. Oktavian grub all die alten Vorwürfe gegen Antonius wieder aus: dessen Sympathien für den Osten, fehlende Selbstbeherrschung, dessen „unrömisches" Verhalten und militärisches Versagen. Für all das machte er die ränkeschmiedende Königin von Ägypten verantwortlich, die offensichtlich nach der Weltherrschaft strebte und auf dem Weg dahin den Untergang Roms plante.

6. Actium

Antonius schien nicht zu bemerken, daß sein Ruf in Rom zusehends unter Oktavians Attacken litt. Er schmiedete weiter Pläne für die Eroberung von Parthien. Der größte Teil seiner Armee befand sich bis zum Herbst 33 in Armenien. Umstritten ist, ob Oktavian seine Anschuldigungen gegen Antonius und Kleopatra während seines Konsulats 33 v.Chr. oder ein Jahr später erhob, als die Vorbereitungen der Triumvirn für den Bürgerkrieg bereits weit fortgeschritten waren. Hätte er mit den Angriffen gegen seinen Kollegen und dessen Gefährtin erst 32 v.Chr. begonnen, könnte man ihn vom Vorwurf der Kriegstreiberei freisprechen. In diesem Fall hätten Antonius und Kleopatra bereits zum Krieg gerüstet, bevor sie Oktavians öffentliche Herausforderung erreichte. Es ist allerdings unwahrscheinlich, daß sich Oktavian so lange zurückhielt. Für Antonius verlief das Jahr 33 äußerst erfolgreich. Er befand sich im Begriff, den gefährlichsten Gegner Roms anzugreifen. Ein Sieg bei jenem Unternehmen von größter Bedeutung hätte alle Erfolge Oktavians in den Schatten gestellt. Dieser hätte Mühe gehabt, seine führende Position in Rom zu verteidigen. Wie Pompeius, der immer als Retter in der Not aufgetreten war, mußte Oktavian einen Weg finden, sich selbst als einzig möglichen Garanten des römischen Staatswesens zu präsentieren, um sich zumindest bis zur Entscheidung in der Auseinandersetzung mit Antonius und Kleopatra absolute Macht und die volle Unterstützung der Römer zu sichern. Es war ratsam für Oktavian, mit der Verwirklichung seiner Pläne zu beginnen, solange er noch Konsul war. Antonius nach Ablauf seiner Amtszeit anzugreifen, wäre dagegen äußerst ungeschickt gewesen. Oktavian hätte nicht mehr aus einer verfassungsrechtlich abgesicherten Machtposition heraus vorgehen können und hätte als Privatmann vor den Senat treten oder einen Stellvertreter für sich sprechen lassen müssen. Unter diesen Umständen wären die Aussichten auf Erfolg gering gewesen. Daher nahm er es bereits als Konsul auf sich, die römische Öffentlichkeit auf die schreckliche Bedrohung Roms hinzuweisen, die sich angeblich im Osten zusammenbraute. Danach war es ihm ein leichtes, seinem Publikum zu suggerieren, er sei der geeignete Mann, all jene Gefahren zu überwinden.

Im Verlauf des Jahres 33 verschärfte sich der Ton zwischen Antonius in Armenien und Oktavian in Rom. Antonius beklagte sich zu

Recht, daß er als Gegenleistung für die 120 Schiffe, die er Oktavian zur Verfügung gestellt hatte, die ihm versprochenen 20.000 Soldaten immer noch nicht erhalten hatte. Außerdem nahm er sich seiner altgedienten Legionäre an, die sich bei der Landvergabe in Italien und anderen Gebieten des Imperiums anscheinend gegenüber Oktavians Veteranen im Nachteil befanden. Angeblich erhob Antonius auch Anspruch auf die Hälfte Siziliens, das Oktavian nach der Vertreibung des Sextus Pompeius und der gewaltsamen Niederschlagung des Aufstands unter Lepidus unter seine Herrschaft gebracht hatte. Antonius legte ein gutes Wort für Lepidus ein und verlangte, allerdings zu spät, eine bessere Behandlung seines ehemaligen Amtskollegen. Oktavian antwortete höhnisch, er sei ja bereit, Sizilien mit Antonius zu teilen, wenn dieser ihm die Hälfte Armeniens abtrete.

Anschließend griff Oktavian seinen Kollegen wegen dessen Beziehung zu Kleopatra und der Proklamation Cäsarions zum Erben Julius Cäsars und des ägyptischen Königreichs scharf an. Hätte es Kleopatra nicht gegeben und wäre Antonius als unabhängiger römischer Feldherr und einfacher Verbündeter des ägyptischen Herrscherhauses aufgetreten, der zwar Geld- und Warenlieferungen entgegennahm, jedoch keine persönliche Bindung mit seinen ägyptischen Partnern einging, wäre es Oktavian schwer gefallen, einen plausiblen Anlaß für die nun einsetzende Kriegshetze zu finden. Allerdings ist die Annahme, ohne Kleopatra wäre es nie zum Bürgerkrieg gekommen, nicht zulässig. Irgendwann mußten die beiden mächtigsten Männer zu dem Schluß kommen, daß nur einer von ihnen die Zukunft des römischen Imperiums gestalten konnte. Der weitblickende Oktavian war sich dessen wohl deutlicher bewußt als Antonius und begann sich vermutlich früher als sein Kollege auf die anstehende Auseinandersetzung vorzubereiten. Kleopatra als Antonius' engste Verbündete muß ihm dabei geradezu als ein Geschenk der Götter erschienen sein. Sie diente Cäsars Großneffen als Vorwand, Antonius aus seiner Machtposition zu verdrängen und später unter dem selbstgeschaffenen Titel *Princeps* selbst eine Art Alleinherrscher zu werden. Ohne Kleopatra als Zielscheibe für alle Angriffe gegen seinen Rivalen, als Sündenbock und Projektionsfläche seiner eigenen Machtgelüste wäre dieses Unternehmen kaum so reibungslos verlaufen.

Alleine hätte Oktavian seinen Rivalen Antonius im Jahr 33 nicht aufhalten können. Dessen Partherfeldzug war über alle Kritik erhaben, da bereits Cäsar ein solches Unternehmen geplant hatte. Die römischen Offiziere hätten nicht verstanden, warum einer der führenden Männer Roms, gar einer, dessen Karriere so eng mit Cäsar verknüpft war, öffentlich gegen einen Krieg mit Parthien auftrat. Oktavian konnte sich allerdings auch nicht darauf verlassen, daß die Parther Antonius wie dessen Vorgänger Crassus besiegen und töten würden. Diesmal sprach vielmehr alles für einen Sieg der Römer. Kehrte Antonius jedoch als Sieger aus Parthien zurück, mußte Oktavian enorme Anstrengungen unternehmen, um sich an der Spitze des Staates halten zu können. Er hatte bereits gegen die widerspenstigen Illyrerstämme jenseits der Adria Krieg geführt. Sein oberster General Agrippa hatte Siege in Gallien und am Rhein errungen und dabei Leistungen vollbracht, die nicht einmal Cäsar gelungen waren. Diese Erfolge lagen jedoch bereits einige Zeit zurück und drohten vollends in Vergessenheit zu geraten. Ohne militärischen Auftrag war es wesentlich schwieriger, langwieriger und gefährlicher, sich gegen den Konkurrenten durchzusetzen und an der Macht zu bleiben. Eine großangelegte Kampagne gegen Antonius bot Oktavian viele Vorteile und konnte unter anderem als Legitimation für die Mobilisierung riesiger Truppenverbände dienen. Im Falle eines Sieges gab es Wege und Mittel, an der Macht zu bleiben. Bei einer Niederlage gab es immer noch die Möglichkeit, sich auf einen Handel mit Antonius einzulassen und eine aussichtsreiche neue Gelegenheit für einen Schlag gegen den Rivalen abzuwarten. Die großen Risiken eines Vorgehens gegen Antonius wurden durch die Aussichten auf beträchtlichen Machtzuwachs und die Beendigung aller Rivalitäten an der Staatsspitze mehr als aufgewogen.

Im November 33 gab Antonius seinen Plan auf, Parthien zu erobern, und wies Canidius an, die Truppen aus Armenien herauszuführen. Ein Krieg mit Oktavian war unvermeidlich geworden und erforderte ganz andere Vorbereitungen als eine Auseinandersetzung mit einem fremden Heer. Antonius wandte sich seinen Truppen zu und ließ eine berühmt gewordene Reihe von Münzen prägen, auf denen die einzelnen Legionen namentlich erschienen. Die Soldaten mußten behutsam darauf eingestellt werden, gegen die Armee eines anderen römischen Befehlshabers ins Feld zu ziehen. Für einen Bruderkrieg bedurfte es weit umfangreicherer Rechtfertigungen als für einen Krieg mit einer auswärtigen Macht. Hier war Oktavian im Vorteil, da er die Römer davon überzeugen konnte, daß sich sein Unternehmen gegen die Rom feindlich gesinnte Königin von Ägypten richtete. Er bedauerte öffentlich, auch Antonius opfern zu müssen, doch sein Rivale befände sich nun einmal für alle erkennbar im Bann Kleopatras, sei unrettbar in die ägyptischen Welteroberungspläne verstrickt und damit unwiderruflich verloren. Falls Rom an Antonius festhalte, könne später niemand ihn, Oktavian, für die unabsehbaren Folgen verantwortlich machen. Oktavian mußte die Römer nur an einen angeblichen Ausspruch Kleopatras erinnern, der in der Stadt zirkulierte. Lästigen Fragen begegnete die ägyptische Königen demnach mit dem Halbsatz: „Wenn ich auf dem Kapitol Gericht halte." Ob sie diese Äußerung tatsächlich gemacht hatte, spielte keine Rolle. Die Römer ließen sich davon überzeugen, daß Kleopatra die Herrschaft über die ganze bekannte Welt anstrebte und daher rechtzeitig aufgehalten werden mußte. Die verleumderischen Gerüchte über Kleopatra und Antonius waren weit mehr dazu geeignet, die Römer zu den Waffen zu treiben, als alle sonst üblichen Arten der Rekrutierung.

Antonius hatte es in Rom schwerer, da er sich weit im Osten befand und seine Feldherrn nicht so häufig im Triumph durch die Stadt gezogen waren wie die Oktavians. Vor allem jedoch war er im politischen Ränkespiel um die Gunst der Öffentlichkeit weit hinter seinem Rivalen zurückgeblieben. Oktavian und Agrippa hatten ihre Taktik erweitert: Jetzt begannen sie, auf ihnen zustehende Triumphzüge ganz zu verzichten, selbst wenn der Senat ihnen diese geradezu aufdrängte, und äußerten in scheinbarer Bescheidenheit, sie hätten ihre Taten zur Ehre Roms vollbracht, nicht jedoch zur Vergrößerung des eigenen Ansehens. Tatsächlich strahlte ihr Verhalten eher eine Art zurückhaltende Arroganz aus, die Eindruck auf die Senatoren machte. Eben diesen Senat mußte Antonius für sich einzunehmen versuchen. Seine politischen und militärischen Unternehmungen im Osten hatte er sich bereits bei seinem Romaufenthalt im Oktober 39 v.Chr. vom Senat bestätigen lassen. Die Zustimmung der Senatoren deckte nicht nur die bisher getroffenen Maßnahmen ab, sondern erstreckte sich auch auf seine Zukunftspläne. Nun bat Antonius noch einmal um die Genehmigung seiner Projekte. Im Jahr 39 hatte Kleopatra, die jetzt große Teile des römischen Ostens beherrschte, noch keine bedeutende Rolle in Antonius' Plänen gespielt. Jetzt, 33 v.Chr., stand Kleopatras Herrschaft im Zentrum seiner Überlegungen zur Verwaltung und allmählichen Einigung der Ostprovinzen. In Anerkennung der Tatsache, daß die Zeit für eine umfassende Überprüfung seiner Machtbefugnisse gekommen war, zumal seine Legitimation als Triumvir gemäß der Vereinbarung von Tarent abgelaufen war oder demnächst ablaufen würde, bot Antonius an, sein Amt niederzulegen – wenn Oktavian ebenfalls auf seinen Status als Triumvir verzichtete. Bereits Cäsar hatte Pompeius zu seiner Zeit einen derartigen Vorschlag gemacht, um das Ringen um die Macht zu entschärfen, das schließlich zum Ausbruch des Bürgerkriegs im Jahre 49 führen sollte. Als Volkstribun hatte Antonius schon damals eine Rolle im Kampf um die Vorherrschaft in Rom gespielt. Antonius kam um einen Vergleich der jetzigen Situation mit dem Streit zwischen Pompeius und Cäsar wohl nicht herum. Allerdings hatten weder Pompeius noch Cäsar jemals so umfassende Machtbefugnisse gehabt wie ihre Nachfolger. Selbst diesem Angebot Antonius' war Oktavian aber bereits zuvorgekommen. Während Antonius auf Münzen und in seinen Bekanntmachungen noch den Titel eines Triumvirs führte, hatte sein Rivale längst auf diese Amtsbezeichnung verzichtet, ohne jemals wirklich einen Teil seiner Macht an den Senat oder das Volk zurückzugeben.

Oktavian sorgte dafür, daß seinem Gegner keine Zeit für weitere Versuche blieb, den Senat auf seine Seite zu ziehen. Antonius' überzeugte Gefolgsleute Gaius Sosius und Domitius Ahenobarbus waren als Konsuln für das Jahr 32 vorgesehen. Theoretisch stellten sie als höchste Amtsträger der Stadt ein Gegengewicht zu Oktavians zunehmender Popularität und Antonius' schwindendem Einfluß in Rom dar. Für diesen begann das Jahr vielversprechend, als Sosius in einer Rede vor dem Senat Oktavian angriff. Der Inhalt der Rede ist leider nicht bekannt, vermutlich ging es jedoch um Oktavians Verleumdung seines früheren Verbündeten und Triumviratskollegen und um die Widerlegung der gegen Antonius erhobenen Vorwürfe. Oktavian selbst war nicht anwesend und konnte nicht unmittelbar zu den gegen ihn erhobenen Anschuldigungen Stellung nehmen. Schon schien es, als würde es Antonius gelingen, alle vernünftigen Mitglieder des Senats für sich zu gewinnen. Sosius beendete seine Rede mit einem Vorschlag, gegen den der Volkstribun Nonius Balbus sein Veto einlegte. Der Inhalt des Vorschlags ist nicht bekannt, richtete sich jedoch mit größter Wahrscheinlichkeit gegen Oktavian, auch wenn er wohl nicht darauf zielte, Antonius' Rivalen vom Senat zum Staatsfeind erklären zu lassen. Ob Nonius aus eigenem Antrieb handelte oder von Oktavian bestochen worden war, vermag niemand mehr zu sagen.

Ohne Zeit zu verlieren, griff Oktavian nun zu drastischen Maßnahmen. Darin bewies er seine Meisterschaft, handelte jedoch eindeutig verfassungswidrig. Bei der nächsten Senatssitzung betrat er unter bewaffnetem Begleitschutz den Saal und setzte sich provokativ zwischen die beiden Konsuln. Ein derartiger Vorfall war noch nie dagewesen, wurde aber von Oktavians Ankündigung, er habe schriftliche Beweise für Antonius' Verrat, noch in den Schatten gestellt. Er kündigte an, das betreffende Dokument bzw. die Dokumente in die folgende Senatssitzung mitzubringen. Dazu kam es jedoch nicht mehr, Oktavian wurde nie gedrängt, seine angeblichen Beweise tatsächlich vorzulegen. Insofern muß bezweifelt werden, ob er tatsächlich etwas gegen Antonius in der Hand hatte, das seine Vorwürfe bestätigte. Die meisten Senatoren verließen sich jedenfalls auf Oktavians Ehrenwort. Die Konsuln und viele Mitglieder des Senats bereiteten hingegen in höchster Eile ihrer Flucht zu Antonius vor, der mit Kleopatra in seinem Winterquartier in Ephesos weilte. So rasch endete die Auseinandersetzung zwischen Oktavian und Antonius im Senat. Wie bei fast allen scheinbar leicht errungenen Erfolgen kam es auch in diesem Fall zu einer ganzen Menge heimlicher Aktivitäten im Hintergrund. Die Senatoren, die Haus und Familie zurücklassen und sich auf einen Krieg weit von der Heimat entfernt einstellen mußten, flohen sicher nicht aus einer reinen Laune oder einem unbegründeten Impuls heraus. Sie mußten sich zunehmend der für sie gefährlichen Strömungen in der römischen Politik bewußt geworden sein, bevor Oktavian mit seinem aufsehenerregenden Vorstoß seinen Gegnern die Entscheidung über ihr weiteres Verhalten abnahm.

Angeblich waren es bis zu 300 Senatoren, die zu Antonius flohen. Diese Zahl wurde allerdings erst später errechnet. Sicher ist nur, daß etwa 700 Senatoren bei Oktavian blieben. Der spätere Augustus bestätigt dies in seiner gegen Ende seiner Regierungszeit abgefaßten Autobiographie „Res Gestae“. Die Anzahl der Senatoren war bereits von Julius Cäsar auf 1.000 erhöht worden. Zieht man Oktavians 700 Anhänger ab, bleiben jene 300, die sich in den Osten abgesetzt haben könnten, wofür es jedoch keine zufriedenstellenden Beweise gibt. Entscheidend ist, daß mehr als zwei Drittel der Senatoren Oktavian unterstützten, eine Tatsache, über die der letztere nicht viele Worte verlieren mußte.

Alle Hoffnungen auf einen friedlichen Ausgang des Machtkampfes zerschlugen sich, als Antonius gegenüber Oktavia im Jahre 32 v.Chr. die Scheidung aussprach. Es ist nicht klar, ob er von Kleopatra zu diesem Schritt gedrängt wurde. In ihrer Beziehung zu Antonius fühlte sich die Ägypterin vermutlich jedoch so sicher, daß sie über die Implikationen der noch bestehenden Ehe ihres Gefährten mit Oktavians Schwester hinwegsehen konnte. Die Scheidung war jedenfalls eine Kampfansage an Rom und könnte führende, um ihre Zukunft besorgte Römer in ihrer politischen Neuorientierung bestärkt haben. Titius und Munatius Plancus, die beiden hochrangigen Offiziere, die die Hinrichtung Sextus Pompeius' angeordnet und überwacht hatten, gingen zu Oktavian über und waren anscheinend im Besitz wertvoller Informationen. Die Gründe für ihre Entscheidung liegen nicht offen zutage, aber es gibt zahllose Hinweise darauf, daß sie Kleopatra und deren immensen Einfluß auf Antonius ablehnten. Möglicherweise wurde ihnen klar, daß Kleopatra Oktavian einen plausiblen Vorwand für einen Krieg gegen seinen früheren Bündnispartner lieferte. Sie könnten auch Oktavians Sieg aufgrund der Tatsache vorausgesehen haben, daß Antonius' Truppen wenig begeistert waren, in einem weiteren Bürgerkrieg gegen römische Verbände zu kämpfen, wohingegen Oktavians Legionäre hochmotiviert gegen eine angeblich fremde Macht ins Feld zogen.

Die Informationen, die Titius und Plancus mit nach Rom brachten, betrafen Antonius' Testament, das dieser im Tempel der Vestalinnen hinterlegt hatte, wie es in Rom Brauch war. Dokumente, die in jenem Heiligtum aufbewahrt wurden, galten als unantastbar. Dennoch gelangte Oktavian in den Besitz des Vermächtnisses seines Gegners, öffnete heimlich das Schriftstück und setzte kurz darauf den Senat von dessen Inhalt in Kenntnis. Niemand schien sich daran zu stören, daß Oktavian geltende Bestimmungen grob mißachtete. Ganz Rom zeigte sich entsetzt ob der Tatsache, daß Antonius Kleopatras Herrschaft in den ihr übergebenen Territorien bestätigte und darüber hinaus Cäsarion als Sohn Cäsars und Erben von Kleopatras ausgedehntem Reich anerkannte. Noch schockierender war der Wunsch des Triumvirn, neben Kleopatra in ihrem geliebten Alexandria bestattet zu werden. Selbst wenn Oktavian all dies erfunden oder gar ein gänzlich gefälschtes Testament als das des Antonius vorgelegt hatte, mußte die Echtheit des Dokuments den Römern plausibel erscheinen, da dessen angeblicher Inhalt mit ihren bisherigen Erfahrungen bezüglich Antonius und dessen Verhalten weitgehend übereinstimmte. Allem Anschein nach zweifelte keiner der Senatoren an der Wahrheit von Oktavians Angaben oder an der Authentizität des Testaments. Es wurde als erwiesen erachtet, daß Antonius für immer mit Rom gebrochen hatte. Daher war zu erwarten, daß er sich sogar gegen seine ehemalige Heimat wenden würde, um Rom und den Westen des römischen Imperiums der ägyptischen Herrschaft zu unterstellen. In Rom fürchtete man, Antonius beabsichtige, Alexandria zur Hauptstadt der bekannten Welt zu machen. Von dort aus hätte Kleopatra dann ein riesiges Imperium regieren können.

Kleopatra war der Feind. Oktavian gab sich zurückhaltend und überließ es dem Volk von Rom, lautstark Krieg gegen Kleopatra und Antonius zu fordern. Um sich abzusichern, ließ er die römischen Bürger einen Treueid schwören, um später verkünden zu können, ganz Italien und alle westlichen Provinzen hinter sich gehabt zu haben. Entscheidend ist, daß dieser Eid auf ihn als Staatsoberhaupt und obersten Feldherrn abgelegt wurde. Unter normalen Umständen wären die Bürger des Imperiums auf Rom oder zumindest auf den Senat und das Volk von Rom vereidigt worden. Die Alleinherrschaft des späteren Augustus bahnte sich hier bereits an, aber niemand nahm dies zur Kenntnis oder schien sich daran zu stören. Kleopatra stellte für die meisten Römer die größere Bedrohung dar. Jetzt fehlte nur noch eine den römischen Bräuchen angemessene Kriegserklärung. Oktavian erweckte eine veraltete, pittoreske Zeremonie wieder zum Leben, die der kriegerischen Stimmung in Rom entsprach. Ein Stück römischer Boden wurde abgesteckt und als feindliches Gebiet gekennzeichnet. Dann wurde ein Speer hineingestoßen und so der Krieg erklärt.

Eine Invasion Italiens als Reaktion auf die Kriegserklärung an ihn zog Antonius nicht einmal in Erwägung. Zu viele Schwierigkeiten waren damit verbunden. Er hätte seine Truppen über das Mittelmeer schaffen und sich nach Rom durchkämpfen müssen, bevor er daran gehen konnte, die Stadt unter seine Herrschaft zu bringen. Es hätte seiner Einstellung widersprochen, sich die Anerkennung Roms mit Gewalt zu erzwingen und Tausende italischer und römischer Tote in Kauf zu nehmen, um zum alleinigen römischen Machthaber aufzusteigen. Welchen Titel hätte er dann auch annehmen sollen? Er selbst hatte die Diktatur nach Cäsars Ermordung abgeschafft. Das Triumvirat existierte nur noch auf dem Papier. Das Konsulat mit seiner begrenzten Amtszeit reichte nicht aus, all die Aufgaben zu bewältigen, die sich Antonius in Rom stellen würden. Wenn es ihm andererseits gelang, einen Angriff Oktavians abzuwehren, konnte er in Ruhe Gegenmaßnahmen ergreifen und sich vielleicht gar in Rom aus der Ferne durchsetzen, ohne allzuviel

Im Jahre 31 ließ Antonius Münzen prägen, auf denen seine Legionen gewürdigt wurden. Dieses Geldstück zeigt auf der Rückseite die Standarten der VII. Legion. Die Vorderseite bekräftigt Antonius' Anspruch auf den Titel eines Triumvirn. Auf der Münze findet sich auch die Abbildung einer römischen Kriegsgaleere. Sie symbolisiert die umfangreiche Flotte, über die Antonius verfügte.

Widerstand in Kauf nehmen zu müssen. Antonius beschloß, im Osten zu bleiben, der für ihn vertrautes Territorium war. Fast alle Potentaten seines Herrschaftsbereiches waren ihm zu Dank verpflichtet oder unterhielten enge Beziehungen zu ihm. Außerdem war anzunehmen, daß sie ihm bei der Verteidigung ihrer Länder beistehen würden. Dagegen konnte er wohl nicht auf ihre Hilfe zählen, wenn er versuchte, in Italien einzudringen, wo fremde Truppen nicht einmal als Sieger willkommen waren.

Er beschloß, in Griechenland auf Oktavians Angriff zu warten, und verbrachte den Winter 32/31 v.Chr. in Patrae. Vorrangiges Ziel war jetzt, zu verhindern, daß Oktavian irgendwo im Osten landete und sich mit seinen Truppen festsetzte. Mit seiner Flotte von ungefähr 500 Schiffen konnte Antonius die Adria und Teile des Mittelmeers kontrollieren. Die lückenlose Überwachung der ausgedehnten griechischen Westküste, die durch zahllose ins Land hineinragende

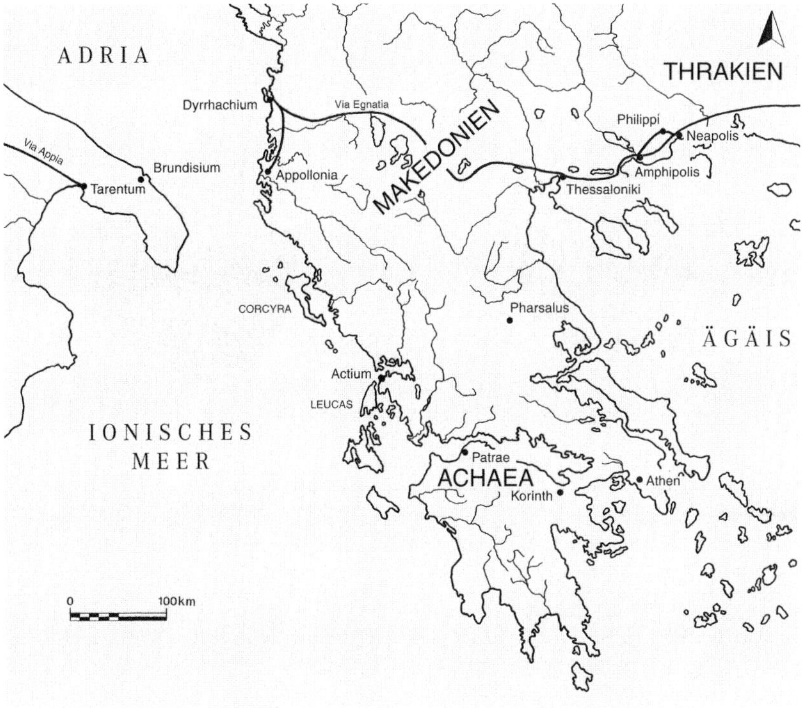

Italien, Griechenland und das am Ambrakischen Golf gelegene Actium.

Meeresarme und Buchten noch verlängert wurde, erwies sich jedoch trotz der umfangreichen Flottenverbände, der zahlreichen Legionen und einheimischen Hilfstruppen, die Antonius zur Verfügung standen, als unmöglich. Den größten Teil seiner Truppen zog Antonius am Ambrakischen Golf zusammen, wo seine Schiffe im Schutz der Bucht von Actium ankerten.

Dieses Mal begleitete Kleopatra ihren Gefährten während des Feldzugs. Zwar wissen wir nur wenig über das Geschehen in Antonius' Heerlager, da die uns erhaltenen Quellen vor allem die Erfolge Oktavians aufzählen, überliefert wird jedoch, daß die Truppen Kleopatra ablehnten und von Antonius verlangten, sie nach Ägypten zurückzuschicken. Immerhin begrüßte zumindest ein hoher Offizier Kleopatras Anwesenheit, ein Mann, dessen Rat aufgrund seiner großen Erfahrung und seiner erwiesenen Treue zu Antonius von beträchtlichem Gewicht war. Canidius Crassus argumentierte,

Kleopatra, die immerhin die Truppen bezahlte und einen Großteil der Lebensmittelvorräte stellte, nach Alexandria zurückzuschicken würde die ägyptischen Seeleute verunsichern, die die meisten Schiffe bemannten. Zu Kleopatras Verteidigung gab Crassus an, die Königin sei seiner Meinung nach so intelligent wie jeder andere auf Antonius' Seite am Krieg teilnehmende Herrscher. Er schlug vor, Kleopatra solle im Hauptquartier bleiben, zumal sie viele Jahre lang ohne Unterstützung ein großes Königreich beherrscht und außerdem viel von Antonius gelernt habe.

Vielleicht vermittelt Plutarch, von dem der Bericht über diese Episode stammt, in den Aussagen des Canidius nur seinen eigene Meinung zu Kleopatra. Immerhin pflegten die Autoren der Antike die Personen ihrer Werke als Sprachrohr für eigene Ansichten und Erkenntnisse zu benutzen. Canidius' Loyalität zu Antonius steht indes zweifelsfrei fest. Schon seit langem hatte er Antonius immer wieder seine Zuverlässigkeit bewiesen. Auch sein Verhalten nach der Niederlage bei Actium spricht für ihn. Später wurde die – vermutlich unbegründete – Annahme geäußert, Kleopatra habe Canidius bestochen, seine Rede zu halten. Einerseits wäre Kleopatra aber durchaus in der Lage gewesen, sich selbst zu verteidigen. Andererseits hätte Canidius, wäre er tatsächlich käuflich gewesen, auch Bestechungsgelder von Oktavian angenommen, ohne sein Gewissen zu belasten. Als er versuchte, nach Antonius' und Kleopatras überstürzter Abreise aus Actium das Heer auf dem Landweg nach Ägypten zu führen, ließen sich Antonius' Truppen von Oktavians Versprechungen ködern und desertierten. Canidius selbst weigerte sich jedoch, Geld anzunehmen, und setzte seinen Weg alleine fort. Höchstwahrscheinlich hat Plutarch also die tatsächlich von Canidius gemachten Äußerungen wiedergegeben, die wohl mehr Gewicht hatten als Domitius Ahenobarbus' Rat, Kleopatra nach Hause zu schicken. Damals umgehenden Gerüchten zufolge teilten selbst die Truppen Domitius' Meinung und boten diesem an, Antonius auf irgendeine Weise loszuwerden und statt dessen ihn selbst zu ihrem Anführer zu wählen. Kurze Zeit später, als er bereits von Krankheit gezeichnet war, ging Ahenobarbus zu Oktavian über. Möglicherweise hatte er gegen Kleopatra persönlich nichts einzuwenden, erkannte jedoch, welch wertvollen Dienst sie der Propaganda Oktavians leistete, und hielt es für klüger, wenn Antonius aus eigener Machtbefugnis und ohne die Hilfe der ägyptischen Königin Krieg führte.

Bei Antonius' Truppen schwand die Zuversicht, als Agrippa den für Antonius wichtigsten, bei Methone im Südwesten Griechenlands gelegenen Hafen angriff und seine Flotte den Ort ohne größere Schwierigkeiten einnahm. Damit verfügten Oktavians Schiffe über eine Operationsbasis, von der aus Agrippa Überfälle auf die anderen Häfen starten konnte. Es gelang ihm auch, Kleopatras Versorgungsschiffe anzugreifen und zu versenken oder nach Ägypten zurückzutreiben. Antonius bekam die Folgen bald zu spüren und mußte Einheimische zwangsverpflichten, Nahrungsmittel über Land aus Griechenland heranzuschaffen. Plutarchs Urgroßvater war einer der Unglücklichen, die einem solchen Versorgungstrupp angehörten. Plutarch konnte bei der Niederschrift seiner Antonius-Biographie also auch auf Geschichten zurückgreifen, die in seiner eigenen Familie weitergegeben wurden.

Während Agrippa in Griechenland Fuß faßte und seine Schiffe Antonius allmählich die Herrschaft auf dem Wasser streitig machten, setzte Oktavian mit dem Großteil seiner Armee über das Ionische Meer, ließ einen Brückenkopf errichten und nutzte die Gelegenheit, um die Insel Kerkyra, das heutige Korfu, mit ihrem bedeutenden Seehafen zu besetzen. Daraufhin marschierten seine Soldaten nach Süden, wo sie nördlich vom Ambrakischen Golf ein befestigtes Heerlager errichteten, dessen Schutzwälle sich bis zum Meer hinzogen, damit die Versorgungslieferungen sicher bei den Truppen ankamen. Antonius und Kleopatra reagierten, indem sie mit ihren Legionen nach Actium eilten und ihr Lager auf der den Golf im Süden begrenzenden Halbinsel aufschlugen. Nun standen sich die Heere gegenüber. Es kam zu einigen Scharmützeln, ohne daß eine Seite einen entscheidenden Erfolg für sich hätte verbuchen können. Agrippa brachte allmählich die Seerouten unter seine Kontrolle und schloß Antonius' Seestreitkräfte ein. Einen Teil von Antonius' Flotte griff er bei Leukas an, zerstörte die Schiffe und eroberte dann Patrae, wo Antonius und Kleopatra den Winter verbracht hatten. Anschließend fiel Korinth in seine Hände.

Antonius' Schiffe waren nun im Ambrakischen Golf eingeschlossen. Der Feldherr selbst sandte einige Einheiten nach Norden, um Verstärkung aus Makedonien und Thrakien zu holen und den Gegner abzulenken, während Sosius versuchte, den Belagerungsring zu durchbrechen, den Agrippas Schiffe entlang der Küste gezogen hatten. Als dieses Unternehmen fehlschlug, unternahm Antonius mehrere Ausfälle über die Mündung des Golfs hinüber und griff

Eine in den Jahren 32/31 v.Chr. in Kleinasien geprägte Münze mit den Portraits von Antonius und Kleopatra.

Oktavians Lager an. Mindestens einmal gelang es ihm, sich auf der nördlichen Halbinsel festzusetzen, schließlich wurde er jedoch wieder zurückgetrieben. Vergeblich versuchte er, Oktavians Trinkwasserversorgung zu unterbrechen. In den Aufzeichnungen der zeitgenössischen Geschichtsschreiber erscheinen alle Unternehmungen Antonius' als waghalsig und aussichtslos. Wie Münzfunde belegen, wurde Antonius jedoch im Jahr 31 zum vierten Mal von seinen Legionären als *Imperator*, das heißt als Sieger in der Schlacht gefeiert. Soldaten können in der Regel Erfolge von Niederlagen unterscheiden. Geschlagene Truppen hätten beim besten Willen nicht mehr die Energie aufgebracht, ihrem Anführer durch eine spontane Beifallskundgebung zu schmeicheln. Antonius' Ehrenbezeichnung *Imperator* beruhte mit Sicherheit auf realen Erfolgen und bezieht sich möglicherweise auf die Überquerung des schmalen Meeresarms und auf die Errichtung eines befestigten Lagers auf der Nordseite des Golfs. Zeitweilig sah es wohl tatsächlich so aus, als könne Antonius Oktavian durch eine Reihe von Angriffen zurückschlagen und den Krieg bald beenden.

Daß Antonius die nördliche Halbinsel eine Zeitlang halten konnte und sein Hauptlager einige Monate lang auf ihrem südlichen Gegenstück aufgeschlagen hatte, spricht dafür, daß er erfolgreicher war, als die Quellen vermuten lassen. Letztendlich verharrte er je-

Ein von Antonius im Jahre 31 v.Chr. herausgegebener Silberdenarius zeigt die Göttin Victoria und den gehörnten Kopf des Jupiter-Ammon. Der Schrift um den Kopf des Gottes zufolge wurde Antonius damals zum vierten Mal als Imperator gefeiert.

doch zu lange in Passivität. Da ein umfassender Sieg nicht im Bereich des Möglichen lag, mußte er versuchen, Oktavian durch einen schnell ausgeführten, wuchtigen Schlag am Vorrücken zu hindern. Danach hätte er entweder die Seeblockade durchbrechen oder sich landeinwärts zurückziehen und Oktavian zu einer Landschlacht zwingen können. Genau dies drängte ihn Canidius zu tun, als klar wurde, daß Antonius' Truppen ihre Stellung nicht auf Dauer halten konnten. Seuchen, unter anderem die Malaria, begannen sich auszubreiten, die Vorräte waren erschöpft und bedeutende Offiziere machten sich daran, die Fronten zu wechseln. Selbst Domitius Ahenobarbus ging zu Oktavian über, schwer krank und mit seiner Geduld am Ende, als er erkannte, daß Antonius nicht mehr mit einem Sieg rechnen, sondern nur noch zu entkommen versuchen konnte. Ahenobarbus starb kurz darauf. Sein Übertritt zum Gegner war ein schwerer Schlag für Antonius. Er versuchte, durch schwere Strafen für Deserteure und Meuterer die Disziplin seiner Truppen wiederherzustellen, vergrößerte auf diese Weise jedoch die Distanz zu seinen Legionären nur noch mehr. Den Araberkönig Iamblichos ließ er wegen Untreue foltern, einen römischen Senator hinrichten. In Antonius' Lager herrschte allmählich eine drückende Atmosphäre. Die Legionäre, Offiziere und verbündeten Fürsten begannen sich zu fragen, warum sie sich diesen unglaublichen Strapazen aussetzten. Letztlich ging es doch nur darum, Kleopatras Position weiter zu festigen und Antonius die Vorherrschaft im römischen Imperium zu sichern.

Es war Kleopatra, die Canidius widersprach; sie schlug vor, alles auf eine Karte zu setzen und eine Seeschlacht zu wagen. Über die Motive für ihr Vorgehen gibt es keine gesicherten Angaben. Immerhin bestand die Flotte zum größten Teil aus ihren Schiffen, die sie Antonius aus eigenen Mitteln zur Verfügung gestellt und mit ägyptischen Seeleuten bemannt hatte. Auf ihre Weise hatten jedenfalls beide, Canidius und Kleopatra, recht, denn es mußte dringend etwas Entscheidendes unternommen werden, solange Armee und die Flotte ihre Positionen noch halten konnten. Jeder der beiden Kontrahenten sprach sich für den ihm vertrauten Weg aus der Zwickmühle aus. Auch Antonius wird seine bisherigen Erfahrungen in seine Analyse der Situation miteinbezogen haben. Er könnte gefolgert haben, daß in den zwei vorhergehenden Bürgerkriegen die Angreifer die Verteidiger in Landschlachten besiegt hatten. Da er an der Schlacht von Pharsalos teilgenommen und bei Philippi selbst der siegreiche Feldherr gewesen war, glaubte er zu wissen, welches der beiden Heere im Vorteil war. Ihm war klar, daß er bei einem Rückzug ins Landesinnere Oktavian nicht zu einer Schlacht zwingen konnte. In diesem Fall drohte ein langer Marsch durch Griechenland, bis seine Truppen vor Erschöpfung umfallen würden. Wenn er außerdem in einer Landschlacht in Griechenland besiegt wurde, war die unvermeidliche Rückkehr nach Ägypten nur schwer zu bewerkstelligen, insbesondere wenn Oktavian der Armee seines Gegners den Weg zur Küste versperrte oder die Flotte beim Aufnehmen der Truppen gestört wurde. Außerdem hätten sich Antonius' Legionäre auf dem Marsch selbst verpflegen müssen. An regelmäßige Nachschublieferungen war nicht zu denken, ohne die Schatzkammern und Vorratslager der Territorien im Osten zu plündern. Antonius hatte viel Zeit und Mühe darauf verwandt, die Beziehungen zu vielen dieser Städte und Kleinstaaten zu verbessern. Wenn er sie jetzt zwang, seine geschlagenen, verwundeten und hungrigen Einheiten auf ihrem Rückzug mit Lebensmitteln und Geld zu unterstützen, hätte er all seine bisherigen Erfolge mit einem Schlag zunichte gemacht. Niemand steht gern auf der Seite der Verlierer, wenn es nur den kleinsten Ausweg gibt. In der damaligen Situation hätte es sich für Antonius' bisherige Verbündete und Partner geradezu angeboten, zu dem offensichtlichen Sieger überzuwechseln. Oktavians Armee würde Antonius' Truppen hart auf den Fersen bleiben. Lokale Machthaber würden, um sich Oktavian zu empfehlen, Antonius den Zutritt zu ihren Städten verwehren, die Tore dem nachrückenden Heer seines Gegners aber öffnen. Noch schlimmer war die Aussicht, daß Agrippa, falls Kleopatras und Antonius' Flotte aufgegeben werden mußte, direkt nach Alexandria segeln, die Stadt belagern oder gar erobern konnte.

Eine sich über längere Zeit hinziehende Auseinandersetzung zu Lande schreckte Antonius folglich ab. Nach der monatelangen Inaktivität seiner Truppen schien eine schnelle Entscheidung zur See die beste Lösung. Entweder gelang es ihm, die gegnerische Blockade zu durchbrechen, seine Schiffe in Sicherheit zu bringen und die Entscheidung im Kampf gegen Oktavian zu vertagen, oder er war geschlagen. Kleopatra hatte sicher großen Einfluß auf seine Pläne, aber noch war Antonius der oberste Feldherr. Hätte er den Rückzug ins griechische Landesinnere angeordnet, hätte Kleopatra drei Möglichkeiten gehabt: Antonius auf einen anstrengenden Feldzug zu begleiten und eine Niederlage zu riskieren, auf eigene Faust zu versuchen, sich mit ihrer Flotte durch die gegnerische Umzingelung zu kämpfen und nach Ägypten zurückzukehren oder einen Handel mit Oktavian abzuschließen.

Antonius wußte, daß kaum Aussicht auf einen entscheidenden Erfolg bestand, selbst wenn er Oktavians Flotte in einer Seeschlacht besiegte oder mit seinen eigenen Schiffen weitgehend unversehrt das offene Meer gewinnen konnte. Er würde einen neuen Stützpunkt suchen müssen, um seine Truppen neu zu ordnen und Oktavians Angriff zu erwarten, der nicht ausbleiben würde. Ägypten bot sich als Zufluchtsort an. Dort würde Antonius und Kleopatra ausreichend Zeit bleiben, die Schäden zu beheben, sich mit Proviant und Geld zu versorgen und den Legionären und Seeleuten eine Ruhepause zu gönnen. Zuerst mußten sie jedoch nach Ägypten gelangen, was nicht so einfach war. Wenn er sich tatsächlich für eine Seeschlacht entschied, mußte sich irgend jemand um Antonius' Heer kümmern. Es war nicht möglich, alle Einheiten auf Schiffe zu verladen. Daher wurde Canidius zum Befehlshaber der ganzen Armee ernannt und erhielt die Weisung, über Land nach Ägypten zu marschieren. Den Besatzungen der Schiffe befahl Antonius, beim Auslaufen zur Schlacht die Segel aufzuziehen. Dies war ungewöhnlich und stiftete Unruhe bei den Seeleuten. Antonius gab an, die Segel würden zur Verfolgung des Feindes benötigt, wenn Agrippa die Flucht ergriff. Vermutlich ließ sich jedoch kaum jemand täuschen. Die Seeleute mußten wissen, daß nachmittags die Windstärke auf See häufig zunahm und den Schiffen zusätzliche Geschwindigkeit bei der Flucht nach Südwesten geben würde, wodurch die Ruderer überflüssig wurden. Zu entkommen war alles, worauf Antonius hoffen konnte. Sein ungewöhnlicher Befehl erweckte den Anschein, als ginge es ihm nur um seine und Kleopatras Sicherheit.

An diesem Punkt sah Dellius, Antonius' Vertrauter und Gesandter in diplomatischen Angelegenheiten, ein enger Freund des Triumvirs und früherer Bewunderer Kleopatras, die Zeit gekommen, sich in Sicherheit zu bringen, anstatt das seiner Ansicht nach unvermeidliche Ende abzuwarten. Dellius war ein Meister der Selbsterhaltung und hatte bereits bei zwei früheren Anlässen im geeigneten Moment die Seiten gewechselt. Er floh mit Antonius' Schlachtplänen und vermutlich mit weiteren wertvollen Informationen zu Oktavian. Dort verbreitete er, er habe keine andere Wahl gehabt, als Antonius im Stich zu lassen, da Kleopatra plane, ihn ermorden zu lassen. Dies nahmen ihm Oktavians Männer ohne weiteres ab, da sie der ägyptischen Königin mittlerweile alles zutrauten. Dellius konnte auch berichten, daß Antonius nicht über genügend Ruderer verfügte, um alle seine Schiffe bemannen zu können. Den Beweis für jene Behauptung lieferten Rauchsäulen, die aus Antonius' Lager aufstiegen und von brennenden Schiffen herrührten, die Antonius vor Beginn der Schlacht zerstören ließ. Die entsprechende Anordnung hatte der Feldherr wohl kaum leichten Herzens gegeben. Immerhin hatte Kleopatra das Bauholz für die Schiffe, die jetzt ein Raub der Flammen wurden, von weither für viel Geld nach Ägypten bringen lassen. Antonius hatte versucht, mit seiner hervorragenden Flotte die Küsten zu verteidigen, um dann miterleben zu müssen, wie Agrippa seine Schiffe mit Leichtigkeit vor sich hertrieb, einige zerstörte und den Rest der Flotte einschloß. Oktavian hatte viel riskiert, um seine Gegner in diese verzweifelte Lage zu bringen – mit Erfolg.

Am 2. September 31 v.Chr. verließ Antonius' und Kleopatras Flotte den Ambrakischen Golf. Die Schiffe glitten durch die schmale Mündung und schwärmten aus, sobald sie das offene Meer erreichten, um sich Oktavians Galeeren entgegenzustellen. Agrippa und Oktavian zogen ihre Schiffe zu einer langen Linie auseinander und warteten ab. Kleopatras Schiffe befanden sich in der hinteren Linie der Angreifer, im Rücken von Antonius' Fahrzeugen. Kleopatra

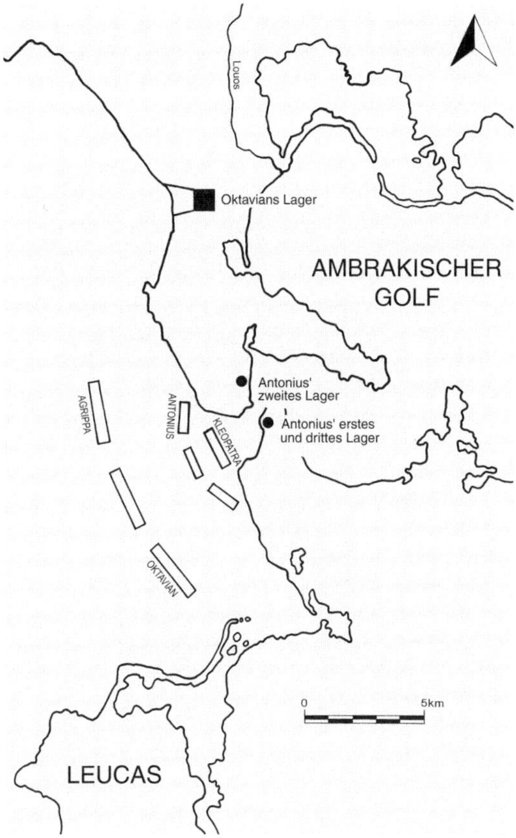

Die Schlacht von Actium am 2. September 31 v.Chr.

hatte all ihre Schätze mit an Bord genommen. Es gehörte wohl zum Angriffsplan, daß sich ihre Schiffe aus den schwersten Gefechten heraushielten. Einige Zeit verharrten die beiden einander gegenüberliegenden Flotten, dann stieß Antonius vor. Er konnte jetzt nicht mehr in den Schutz des Golfs zurückkehren. Oktavian und Agrippa ließen sich jedoch nicht in eine Schlacht verwickeln. Daher mußte Antonius sie zum Kampf stellen, wobei er die Schlachtreihe seiner Schiffe weiter auseinanderzog als geplant und riskierte, von den wendigen Gegnern ausmanövriert und umgangen zu werden. Er befehligte die rechte Flanke. Gegenüber hatte Agrippa das Kommando. Die Schiffsreihen zogen sich weiter und weiter auseinander, um zu verhindern, daß einer der Kontrahenten in den Rücken

Rostrum aus Bronze. Zur Verstärkung am Bug eines Schiffes befestigt, diente dieser Schiffsschnabel als Rammsporn, mit dessen Hilfe gegnerische Schiffe versenkt werden konnten. Das abgebildete Fundstück stammt aus der Bucht von Actium und befindet sich heute im Britischen Museum in London.

des anderen gelangen konnte. Die Fahrzeuge im Zentrum waren in heftige Kämpfe verwickelt, ihre Anzahl verringerte sich allmählich. Kleopatra ergriff ihre Chance, drängte sich mit ihren Schiffen erst durch Antonius' Flotte, dann durch Oktavians Einheiten hindurch, erreichte das offene Meer und nahm Kurs auf Ägypten. Wie Michael Grant darlegt, gehörte dies zu Antonius' Plan, um Kleopatras Flucht mit ihren Schätzen an Bord zu ermöglichen. Die Königin sollte in Ägypten die Wiederaufnahme des Kriegs und die Ankunft von jenen Schiffen des Antonius vorbereiten, die sich aus dem Schlachtgetümmel lösen und entkommen konnten.

Man hat Kleopatra dennoch nachgesagt, sie habe Antonius in der Stunde der Not im Stich gelassen, vielleicht in der Annahme, er sei in der Schlacht gefallen. Dieser Vorwurf wurde auf verschiedene

Weise variiert. Antonius wiederum muß sich vorhalten lassen, er habe Kleopatra und ihrer Sicherheit das Leben seiner Soldaten und Seeleute geopfert. Es scheint, daß auch er seine Flotte im Stich ließ, als er sich auf ein kleineres, schnelleres Fahrzeug begab und Kleopatra hinterhersegelte. Letztendlich blieb ihm aber gar nichts anderes übrig. Er hatte möglicherweise geplant, in die gegnerische Schlachtreihe eine Lücke zu reißen, durch die seine Schiffe aufs offene Meer entkommen konnten. Oktavians Flotte war jedoch größer und versperrte Antonius' Schiffen erfolgreich die Durchfahrt. Viele von ihnen wurden versenkt, einige flohen zurück zum Hafen, von wo es so gut wie keine Chancen auf ein Entkommen mehr gab. Ihre Besatzungen ergaben sich Oktavian, da alles andere sinnlos gewesen wäre. Antonius entkam mit vielleicht 50 Schiffen.

Plutarch zufolge verbrachte Antonius Tage an Deck von Kleopatras Schiff, ohne mit irgend jemandem zu sprechen. Die Niederlage von Actium war aus heutiger Sicht *die* Entscheidung zwischen Antonius und Oktavian und wird allgemein als Wendepunkt der Geschichte betrachtet, nicht nur was Oktavians Weg zur Alleinherrschaft betrifft. In der Schlacht von Actium entschied sich auch das Schicksal der westlichen Welt. In den Tagen, die auf den 2. September 31 folgten, gab es indes wohl kaum jemanden, der die volle Tragweite der Ereignisse erfassen konnte. Antonius hatte die Seeblockade seines Gegners durchbrochen, einige seiner Schiffe und seine Kriegskasse gerettet. Er kehrte zu einer geschützten Basis zurück, wo ihm Geld und Proviant zur Verfügung standen. Seine Armee marschierte durch Makedonien nach Kleinasien und weiter in Richtung Ägypten.

Weitere Schlachten würden folgen. Jetzt aber vermochten sich beide Armeen eine Ruhepause zu gönnen. Oktavian konnte sich einen beträchtlichen, wenn auch nicht überwältigenden Vorteil verschaffen, indem er Antonius' Legionäre ihrem Befehlshaber Canidius erfolgreich abspenstig machte und zum Übertritt bewegte. Er verbrachte den Winter auf Samos, mußte sich jedoch zuerst um aufkommende Unruhen in Italien kümmern, bevor er den Krieg fortsetzen konnte. Noch hatte Antonius Anhänger in Rom, und selbst diejenigen, die ihm gegenüber eine gleichgültige Haltung einnahmen, unterstützen Oktavian nicht so geschlossen, wie dieser später seine Zeitgenossen und die Nachwelt glauben machen wollte. Es kann keine Rede davon sein, daß Oktavian Rom zu diesem Zeitpunkt schon völlig im Griff hatte. Der Sohn des Lepidus unternahm einen

Umsturzversuch und zwang so erst Agrippa, dann auch Oktavian selbst, nach Italien zurückzukehren.

In der Zwischenzeit segelten Antonius und Kleopatra mit den ihnen verbleibenden Schiffen nach Ägypten, allerdings nicht direkt nach Alexandria. Sie benötigten Zeit, um sich zu sammeln und Sicherheit zu gewinnen, zumal sie spätestens bei ihrer Landung an der nordafrikanischen Küste die Nachricht vom Übertritt der Armee zu Oktavian erhielten. Sie liefen einen kleinen Hafen bei Paraetonion im Westen von Alexandria an und trennten sich dort. Antonius blieb eine Zeitlang und ließ Kleopatra nach Alexandria zurückkehren. Vielleicht war dies so abgesprochen, vielleicht trifft auch Plutarchs Behauptung zu, wonach Antonius sich in einem Zustand völliger Niedergeschlagenheit befand. Kleopatra reiste alleine nach Alexandria und betrat die Stadt mit großem Gefolge und wehenden Fahnen. Ihr Einzug glich einer Siegesparade. Gewöhnliche Sterbliche hätten nach dem anstrengenden und schließlich fehlgeschlagenen Feldzug und der langen Seereise zumindest Zeichen der Anstrengung gezeigt. Kleopatra stellte sich jedoch den Anforderungen ihrer Rolle, die sie perfekt beherrschte. Ihr erstes Erscheinen in Alexandria mit aller königlichen Prachtentfaltung forderte ihr vielleicht nicht einmal allzu viel ab. Einmal angekommen, durfte sie sich ihre Erschöpfung und Enttäuschung nicht anmerken lassen, sondern mußte sofort mit neuen Kriegsvorbereitungen beginnen. Jetzt war sie auf sich selbst gestellt und kämpfte nicht nur um Ägypten oder für sich selbst, sondern auch zur Unterstützung ihres Gefährten Antonius, dessen entschlossene Zuversicht nach der Niederlage und den niederschmetternden Nachrichten von seinem Heer verflogen war. Als er sich schließlich nach Alexandria begab, zog er sich in ein Gebäude auf einem Landstreifen an der Küste zurück, dem er den Namen Timoneum gab. Antonius hatte klassische Bildung genossen und bezog sich auf Timon von Athen, einen berühmten Einsiedler, der dem Rest der Menschheit den Rücken zugekehrt hatte.

Die Kriegsvorbereitungen und die Demonstration politischer Stärke blieben Kleopatra überlassen. Die Königin rückte nun ihren Sprößling Cäsarion und Antonius' ältesten Sohn Antyllus ins Licht der Öffentlichkeit. Cäsarion wurde unter dem Namen Ptolemaios XV. endgültig zum Mitregenten erhoben. Antyllus feierte mit etwa 14 Jahren seinen Eintritt ins Erwachsenenalter, indem er seine Kinderkleider mit dem Männergewand, der *toga virilis*, vertauschte.

Dies alles fand in festlichem, zeremoniellem Rahmen statt. Es ging weniger um eine teilweise Machtübergabe, sondern vor allem um eine Bestätigung des Status quo und das Versprechen zukünftiger Stabilität und Größe Ägyptens. Alle, Ägypter und Römer, darunter potentielle Usurpatoren, sollten sehen, daß die Nachfolger bereitstanden und die ägyptische Königslinie sowie Antonius' Herrschaft nicht mit Kleopatra und ihrem Gefährten enden würden. Entscheidend war auch, gegenüber den verbündeten Staaten im Osten, auf deren Unterstützung Ägypten nicht verzichten konnte, ein Zeichen der Stärke zu setzen. Der kleinste Hinweis auf Kleopatras Schwäche würde zum allmählichen Zerfall des ausgedehnten Bündnissystems führen. Einige der abhängigen Staaten würden sofort ihre Chance ergreifen, die Unabhängikeit anstreben und ihre Steuereinnahmen für sich behalten oder ihre neugewonnene Souveränität noch weiter ausreizen und Ägypten angreifen. Als eine der ersten Maßnahmen nach ihrer Ankunft in Alexandria ließ Kleopatra deshalb Artavasdes von Armenien hinrichten, der von Antonius gefangengenommen worden war und in Ägypten als privilegierter Staatsgefangener lebte. Dies war ein eindeutiger politischer Schritt, um den Zusammenhalt mit Medien, dem Erzrivalen Armeniens, zu unterstreichen. Das von Antonius zustande gebrachte Bündnis zwischen Kleopatra und dem Mederkönig war durch die Verehelichung von dessen Tochter mit Alexander Helios bekräftigt worden.

Nicht nur um des eigenen Vorteils willen, sondern auch im Interesse ihrer Kinder zeigte sich Kleopatra ihren Bündnispartnern an anderer Stelle gegenüber so versöhnlich wie möglich. Dazu sollte sie jedoch kaum noch Gelegenheit haben. Es war nur eine Zeitfrage, bis Oktavian Ägypten angreifen würde. Wie sich dann herausstellen sollte, hielten es viele Regenten des römischen Ostens für ratsam, auf der Seite des Siegers zu kämpfen, anstatt weiterhin Antonius und Kleopatra zu unterstützen. Dies betraf nicht nur die von Rom abhängigen Herrscher. Fast alle Römer vom untersten Beamten bis hinauf zum Provinzstatthalter waren zu einer Entscheidung zwischen den beiden Parteien gezwungen. Sie mußten sich fragen, auf welcher Seite ihre Überlebenschancen größer waren und wessen Unterstützung ihrer Karriere förderlicher war. Die unsichere Lage versetzte die Bevölkerung, Beamte und Offiziere der östlichen Provinzen des Imperiums in einen Zustand höchster Unruhe, die Oktavian ausnutzen konnte, indem er Versprechungen politischer und finanzieller Art machte, die zu erfüllen er gegenwärtig noch gar nicht in der Lage war. Ging er allerdings als Sieger aus dem Krieg hervor, konnte er aller Voraussicht nach über den Reichtum Ägyptens verfügen und genoß als Verteidiger Roms vermutlich höchstes Ansehen. Falls er unterlag, spielten seine Versprechungen keine Rolle mehr. Das Wagnis lohnte sich also. Kleopatra war aus demselben Holz geschnitzt wie Oktavian, gerissen, opportunistisch und bereit, alles aufs Spiel zu setzen, und konnte daher ahnen, wie ihr Gegner vorgehen würde. Während sie die Gefahr für sich und Antonius erkannte, mußte sie gleichzeitig äußerste Zuversicht und größte Autorität zur Schau stellen.

Über die Nachricht, daß die Oberägypter sich bereit erklärten, für ihre Königin zu den Waffen zu greifen und in ihrem Namen zu kämpfen, war Kleopatra wohl höchst erfreut. Endlich schienen ihre Bemühungen, diesen Teil ihres Volkes zu integrieren, dessen Sprache sie zu diesem Zweck gelernt hatte, Früchte zu tragen. Dennoch lehnte sie ab, die Zivilbevölkerung Ägyptens in den Krieg mit hineinzuziehen. Es wäre ein ungleicher Kampf geworden, der sich vielleicht lange hingezogen, aber selbst im Fall eines Sieges unglaubliche Verluste mit sich gebracht hätte. Im Fall einer Niederlage hätte Oktavian freie Hand gehabt, an den einfachen Ägyptern Rache zu nehmen. Wenn sich das Volk ruhig verhielt, bestand Aussicht darauf, daß das Leben der Menschen weiterging wie bisher, mit der Ausnahme, daß ihre Abgaben in die Schatzkammern und Lagerhäuser eines neuen römischen Herrschers fließen würden. Es gab keinen vernünftigen Grund für Kleopatra, noch auf einen Sieg in dieser Auseinandersetzung zu hoffen. Gelang es ihr, Oktavian zurückzuschlagen, bestand kaum Aussicht auf einen dauerhaften Frieden. In Rom würden sich weitere Feinde erheben, bereit, die Herausforderung anzunehmen und einen Eroberungszug zu wagen.

Jeder aus Antonius' engster Umgebung rechnete mit einer vernichtenden Niederlage. Seine „Gesellschaft unnachahmlicher Lebemänner" hatte er durch die „Bruderschaft der im Tode Unzertrennlichen" ersetzt. All diejenigen, die ihn zu verlassen wünschten, hatte er mit Geld versehen, da er niemanden zwingen wollte, für eine Sache zu kämpfen, die er selbst bereits verloren gegeben hatte. Als sich Oktavians Flotte und Heer Ägypten näherten, verließen immer mehr Römer Antonius. Nachdem er die Unruhen in Rom Ende 31 v.Chr. niedergeschlagen hatte, wandte sich Oktavian im Frühjahr 30 wieder dem Krieg gegen seinen Rivalen zu. Im Frühsommer landete er an der phönizischen Küste. Seit seiner Überwinterung auf Samos hatte er ständig neue Verbündete gewonnen. Daher traf sein Vormarsch im Osten auf keinen nennenswerten Widerstand, sondern wurde sogar noch beschleunigt. Herodes von Judäa, der Antonius verpflichtet war, Kleopatra gegenüber jedoch keinen Grund zur Dankbarkeit hatte, hatte Oktavian gleich nach der Schlacht von Actium ein Bündnis angeboten und unterstützte jetzt dessen Legionäre beim Marsch nach Ägypten. Oktavian empfing in seinem Lager Gesandtschaften von Kleopatra und Antonius, verweigerte jedoch eine eindeutige Antwort auf ihre Friedensangebote und Bitten, sich ins Privatleben zurückziehen zu dürfen. Kleopatra schickte angeblich Geschenke und bot ihre Abdankung an, wenn Oktavian ihre Kinder an ihrer Stelle als Regenten einsetzen würde. Um der Sache seines Vaters zu dienen, erschien gar Antonius' Sohn Antyllus bei Oktavian und versuchte, diesen mit umfangreichen Geldgeschenken versöhnlich zu stimmen. All ihre Bemühungen brachten Antonius und Kleopatra allerdings nichts ein und waren ihrem Ansehen nicht förderlich, auch wenn ihr Hauptmotiv darin bestand, ihren Freunden und Truppen die Schrecken eines weiteren Krieges zu ersparen. Es ist allerdings fraglich, wie zuverlässig die Angaben über Antonius' und Kleopatras Verhandlungsangebote im Detail sind. Es handelt sich wohl nicht um reine Erfindung, obwohl die antiken Autoren Einzelheiten übertrieben haben könnten. Antonius und Kleopatra hatten nur noch wenig Spielraum. Wenn sie Oktavian jedoch tatsächlich anboten, sich ins Privatleben zurückzuziehen, verschafften sie ihrem Gegner gleichzeitig einen Eindruck von ihrer verzweifelten Situation. Offensichtlich waren sie nicht mehr in der Lage, sich erfolgreich zu widersetzen, da sie sich nicht auf ihre Truppen verlassen konnten und es außerhalb Ägyptens keinen Ort mehr gab, an dem sie Zuflucht suchen oder Unterstützung finden konnten. Angeblich ließ Kleopatra eine Flucht über das Rote Meer in den Fernen Osten vorbereiten, mußte jedoch erfahren, daß König Malchos von Nabatäa ihre vor seiner Küste ankernden Schiffe angegriffen und zerstört hatte. Sie befahl Cäsarion, sich im Südosten, in Äthiopien oder Oberägypten, in Sicherheit zu bringen, und könnte beabsichtigt haben, sich ihrem Sohn später anzuschließen, blieb schließlich aber doch in Alexandria.

Während Oktavian von Osten her über Land nach Ägypten marschierte, näherte sich sein Unterführer Cornelius Gallus auf dem Seeweg aus westlicher Richtung. Es schien, als seien ihre Truppen unbesiegbar. Als Oktavian Pelusium erreichte, gelang es Seleukos, dem Befehlshaber der dortigen Garnison nicht, dessen Legionäre aufzuhalten. Es ist nicht ganz klar, ober er den Eindringlingen Widerstand leistete und geschlagen wurde oder ob er einfach den Feinden die Tore öffnete. Kleopatra ließ jedenfalls seine Ehefrau und Tochter hinrichten. Antonius versuchte mit 40 Schiffen Gallus aufzuhalten, wurde jedoch geschlagen. Dabei ging die Flotte sowie deren Anlegestelle bei Paraetonion verloren. Jetzt blieb ihm nur noch das Nildelta, das auf beiden Seiten von Oktavians Soldaten eingeschlossen wurde. Die Tragödie näherte sich ihrem unvermeidlichen Ende, obwohl Oktavians kalte, besonnene Gemütsverfassung für einen Moment von dem Gedanken erschüttert wurde, Kleopatra könne ihre Schätze vernichten lassen, bevor er sie in seinen Besitz brachte. Plutarch zufolge nahm er jetzt Verbindung mit der ägyptischen Königin auf und bot ihr günstige Kapitulationsbedingungen an. Antonius reagierte darauf mit dem Angebot, Selbstmord zu begehen, wenn dies Oktavian zur Schonung Kleopatras bewegen konnte. Angeblich versprach Oktavian, Kleopatra am Leben zu lassen, wenn sie ihm Antonius auslieferte. Dies lehnte die Königin jedoch ab. Die Selbstlosigkeit, die Kleopatra und Antonius im Verlauf dieser Verhandlungen bewiesen, spricht für ihre andauernde Liebe zueinander. Antonius war bereit, sich für Kleopatra zu opfern, sie wiederum beschloß, sich nicht auf seine Kosten zu retten. Was die Tragödie noch verschlimmerte, war die Tatsache, daß beide sich nicht im klaren darüber waren, daß Oktavian weder an Kleopatra noch an Antonius interessiert war. Sie waren bedeutungslos geworden. Cäsars Adoptivsohn hatte den Krieg bereits gewonnen, als er seine Gegenspieler zu römischen Staatsfeinden erklären ließ. Er wollte Ägypten und hatte dessen Herrscherpaar mitsamt seiner Kinder bereits abgeschrieben.

Einen kurzen Moment lang fand Antonius zu seinem alten Selbst zurück. Als Oktavians Reiterei sich Alexandria von Osten her näherte, führte er einen Ausfall seiner restlichen Truppen aus dem Kanobos-Tor an und schlug die Gegner. Er kehrte als Sieger zu Kleopatra zurück. Inzwischen waren sich beide jedoch bewußt, daß alles verloren war. Weder Heer noch Flotte leisteten dem Gegner noch entschiedenen Widerstand. Immer mehr Soldaten desertierten, während Antonius' Versprechungen, die er Oktavians Soldaten gemacht hatte, um sie zum Übertritt zu bewegen, keine Früchte trugen. Am letzten Tag des Juli speiste Antonius ausgiebig und bereitete sich für den nächsten Tag auf die Schlacht vor. Er wußte, daß keine Aussichten auf Sieg mehr bestanden. Daher überraschte es ihn vermutlich nicht, als er Nachricht von einer geisterhaften, unsichtbaren Prozession erhielt, die zu wunderschönen, zauberhaften Klängen zum östlichen Stadttor hinausmarschiert sei. Die Götter verließen immer eine Stadt, die dem Untergang geweiht war. Jetzt wußte Antonius, daß Dionysos und sein wildes Gefolge ihn aufgegeben hatten.

Am nächsten Tag stellten sich Marine und Heer Oktavians Truppen. Die beiden Flotten griffen einander nicht an, sondern segelten aufeinander zu und vereinigten sich. Vermutlich hatten sich die Befehlshaber der Schiffe in den letzten Tagen darüber ausgetauscht, wer aller Voraussicht nach die Entscheidungsschlacht gewinnen würde. Oktavians Flotte war bei Actium äußerst unsanft mit Antonius' Schiffen umgesprungen und hatte die gegnerischen Fahrzeuge schwer beschädigt. Jetzt noch einmal ohne Aussicht auf Erfolg den Kampf aufzunehmen, war Zeitverschwendung. Als die Legionen bemerkten, was sich auf See abspielte, stellten sie ebenfalls die Kämpfe ein. Einige Soldaten ergriffen die Flucht, während andere einfach ihre Waffen niederlegten. Antonius ritt zurück zum Königspalast, angeblich um Kleopatra des Verrats zu beschuldigen. Diesen Gedanken gab ihm höchstwahrscheinlich seine Verzweiflung ein; sogar für einen Verrat war es längst zu spät.

Während der planlos geführten Abwehrkämpfe hatte Kleopatra den Palast verlassen und sich mit ihren Dienerinnen in ihrem Mausoleum verschanzt. Es ist nicht sicher, ob sie beabsichtigte, sich sofort zu töten oder ob sie erst auf Nachrichten von Antonius warten wollte. Wie auch immer, Antonius glaubte jedenfalls, sie sei bereits tot. Alles war verloren, die Stadttore standen Oktavians Truppen offen, daher hatte er jetzt nur noch die Wahl zwischen Tod und Entehrung. Antonius wählte den Tod. Sein Diener Eros weigerte sich, ihm bei einem Selbstmord behilflich zu sein und tötete sich statt dessen selbst. Darauf stürzte sich Antonius in sein Schwert, starb aber nicht sofort, sondern war noch bei Bewußtsein, als ihn Kleopatras Schreiber Diomedes fand und ihm mitteilte, daß Kleopatra auf ihn wartete.

Die Türen des Mausoleums waren verriegelt. Daher wurde Antonius auf einer Trage zum Obergeschoß des Gebäudes hochgehievt und dort durch ein Fenster ins Innere gezogen. Er lebte vermutlich nicht mehr lange und starb wohl in Kleopatras Armen. Man kann nur spekulieren, in welcher seelischen Verfassung sich

Diese Silbermünze mit einem Portrait Kleopatras wurde um 30 v.Chr. geprägt.

beide befanden. Es wundert nicht, daß dieses Szenario so viele Schriftsteller, Theaterautoren und Filmproduzenten inspirierte. Kleopatra hatte jetzt keinerlei Verhandlungsbasis mehr und war Oktavian schutzlos ausgeliefert. Dieser schickte Boten, deren Auftrag allerdings unbekannt ist. Man erzählt sich, Oktavian habe es darauf abgesehen, Kleopatra lebend gefangenzunehmen, um sie bei seinem triumphalen Einzug in Rom hinter seinem Feldherrnwagen herzuführen. Kleopatra habe seine Pläne jedoch vereitelt, indem sie heimlich ihren Selbstmord arrangierte. Es ist allerdings nicht sicher, welches Ende Oktavian für Kleoopatra vorgesehen hatte. Indem er sie den Römern als Gefangene vorführte, konnte er seine Kriegstreiberei gegen Roms sogenannten „schlimmsten Feind“ rechtfertigen. Danach hätte er sie jedoch hinrichten oder als Gefangene in Rom bzw. Italien festhalten müssen und Kleopatra so zur Märtyrerin gemacht. Schenkte er ihr das Leben, bestand die Gefahr, daß Aufstände ausbrachen, um sie wieder auf den ägyptischen Thron zu bringen. Überlebte sie in Freiheit oder als Gefangene, war Ägyptens Zukunft als Oktavians persönliche Provinz nicht so sicher, als wenn er sie mit ihren Kindern beseitigen ließ. Vor allem die Herrschaft in Ägypten strebte Oktavian jedoch an. Sie war ihm wichtiger als jeder Triumphzug in Rom.

In den folgenden Tagen bewachten Oktavians Männer Kleopatra in ihrem Mausoleum. Sie durfte das Gebäude verlassen, um Antonius' Begräbnis beizuwohnen, wurde danach aber unter Bewachung in den Königspalast gebracht. Dort könnte sie sich an die völlig anderen Umstände ihres Lebens vor 20 Jahren erinnert haben, als sie mit Cäsar in ihrem Palast belagert wurde. Vielleicht traf sie mit Oktavian zusammen, um sich für eine milde Behandlung der ägyptischen Bevölkerung einzusetzen, die sie immer mit Respekt behandelt hatte. In Oberägypten war es zu Aufständen in ihrem Namen gekommen. Es ist möglich, daß Kleopatra ihren Anhängern Leid ersparen wollte. Es gibt allerdings keine antiken Überlieferungen, die sich auf einen solchen Handel mit Oktavian beziehen. Es könnte sich jedoch um einen letzten Versuch der Königin gehandelt haben, sich für ihr Volk einzusetzen, nachdem klar geworden war, daß Oktavian die Herrschaft über ihr Reich übernehmen würde.

Den Entschluß, sich selbst zu töten, hatte Kleopatra zweifellos bereits gefaßt. Sie mußte nur noch einen Weg finden, wie dies zu bewerkstelligen war. Der Legende nach starb sie am Biß einer Giftnatter, die versteckt in einem Korb voller Feigen zu ihr gebracht wurde. Vermutlich hatte sie selbst diese Todesart gewählt, da der Biß einer Natter dem Opfer nach ägyptischem Glauben Unsterblichkeit verlieh. Darüber hinaus war die Schlange eines der Symbole der Göttin Isis, mit der sich Kleopatra während ihrer ganzen Regierungszeit identifiziert hatte. Unter normalen Umständen hätte sie als Göttin automatisch Unsterblichkeit erlangt. In dieser Ausnahmesituation wollte Kleopatra möglicherweise sichergehen, daß ihr Schicksal seinen vorbestimmten Lauf nahm.

Sie bereitete sich auf ihr Ende vor und legte prachtvolle Gewänder und ihren königlichen Schmuck an, um im vollen Bewußtsein ihres tragischen Schicksals würdig in den Tod zu gehen. Sie schuldete es ihrem Land, zu sterben, wie sie gelebt hatte, in königlicher Pracht.

Als besiegte Herrscherin zu sterben, war ehrenvoll. Als gebrochene Königin in Lumpen zu sterben, hätte ihrem ganzen Wesen widersprochen. Es war ihre letzte Geste, eine letztes Aufbäumen gegen ihr Schicksal. Kurz vor ihrem Tod sandte sie einen Boten mit einem versiegelten Brief zu Oktavian, in dem sie ihn bat, ihren letzten Wunsch zu achten und sie neben Antonius zu begraben. Man muß Oktavian zugute halten, daß er dieser Bitte nachkam. Niemand weiß genau, wo Antonius und Kleopatra bestattet sind. Nach all den aufregenden Entdeckungen der letzten Jahre im versunkenen alten Hafen von Alexandria besteht jedoch die Möglichkeit, daß man auch auf ihre Grabstätte stößt.

Oktavian war vermutlich erleichtert über Kleopatras Entscheidung, in Würde und so kurz nach dem Fall von Alexandria aus dem Leben zu scheiden. Ihr Weiterleben hätte ihm beträchtliche Schwierigkeiten bereitet. Der römische Sieger gab vor, von ihrem Freitod überrascht zu sein, und ließ verlauten, er habe nach den Psylli, den Schlangenbeschwörern, gesandt, um das Gift aus der Wunde saugen zu lassen. Es muß seltsam erscheinen, daß Oktavian, angeblich schockiert vom unerwarteten Tod seiner Gefangenen, so genau über ihre Todesart Bescheid wußte. Jetzt war er von allen Verpflichtungen befreit. Er übernahm das Königreich als eigene Domäne und setzte Cornelius Gallus als Statthalter ein. Gallus war ein Offizier, der dem niederen Adel Roms, den *equites*, entstammte und keinen Senatorenposten innehatte. Einen solchen Mann als Statthalter einer Provinz einzusetzen, war im römischen Imperium noch nie dagewesen. Falls Oktavian sich spontan für Gallus als den besten gerade zur Verfügung stehenden Mann entschied, wohl auch um dessen Verdienste bei der Eroberung Alexandrias zu würdigen, hatte er eine äußerst glückliche Hand, da dieses Arrangement ihm auch in Zukunft äußerst gelegen kommen mußte. Unter Oktavians/ Augustus' Nachfolgern ergaben sich beträchtliche Aufstiegsmöglichkeiten auch für Mitglieder des niederen Adels. Der Posten eines ägyptischen Präfekten stellte für ein Mitglied der *equites* den Gipfel der Karriereleiter dar und wurde nur von den erfolgreichsten Offizieren dieser Schicht erreicht. Der Präfekt war nur dem Imperator verantwortlich, nicht aber dem Senat. Die Senatoren durften Ägypten ohne ausdrückliche kaiserliche Erlaubnis nicht einmal betreten. Dies verdeutlicht die Bedeutung, die Ägypten für Oktavian und seine Nachfolger hatte. Sie unternahmen alles, um zu verhindern, daß ein führender Römer dort einen Aufstand anzetteln, mit Hilfe

Alexandria fiel am 1. August 30 v.Chr. Oktavian ließ drei Jahre später, als unangefochtener Herrscher des römischen Imperiums, Gedenkmünzen prägen. Er wählte das Krokodil als Symbol Ägyptens und ließ sich als Eroberer des Landes feiern: AEGYPT CAPTA. Zudem erscheint er auf dem Geldstück als „Sohn des göttlichen Cäsar und siebenmaliger Konsul": CAESAR. DIVI. F. COS. VII.

des Reichtums der Provinz eine Armee aufstellen und sich die Unterstützung der römischen Generale und Könige des Ostens erkaufen konnte.

Nach dem Tod von Antonius und Kleopatra trennte Oktavian nur noch wenig von der absoluten Macht. Er ordnete an, Cäsarion zu suchen, und ließ dann Cäsars und Kleopatras Sohn hinrichten. Wann dies genau geschah, ist nicht bekannt. Daher kann nicht mit Sicherheit gesagt werden, ob Kleopatra vom Tod ihres Sohnes erfuhr, bevor sie ihrem eigenen Leben ein Ende setzte, oder ob sie in der Überzeugung in den Tod ging, daß sie seine Flucht und seine Rettung erfolgreich in die Wege geleitet hatte. Das Schicksal ihrer übrigen Kinder ist nicht vollständig dokumentiert. Kleopatra Selene könnte nach Rom gebracht und dort von Oktavia mit Antonius' anderen Kindern aufgezogen worden sein. Jedenfalls wurde sie schließlich mit dem mauretanischen König Juba II. vermählt und beschloß ihr Leben in Nordafrika. Alexander Helios und Ptolemaios Philadelphos könnten sie begleitet haben. Deren Spur verliert sich jedoch nach dem Fall von Alexandria. Antonius' fünfzehnjähriger Sohn Antyllus, zu Lebzeiten seines Vaters zu dessen Erben ernannt und auf Antonius' Münzen abgebildet, wurde in Alexandria auf Befehl Oktavians getötet, möglicherweise gleich nach dem Fall der Stadt am 2. August 30 v.Chr. Alle anderen Kinder des Antonius überlebten und wuchsen in Oktavians nächster Umgebung auf. Von Antonius' zwei Töchtern, beide hießen Antonia, sollten später gar römische Kaiser abstammen. Antonia die Jüngere war die Mutter von Claudius und die Großmutter Caligulas, während der Enkel von Antonia der Älteren der spätere Kaiser Nero war. Die letzteren beiden Abkömmlinge zeigten sich ihres Urgroßvaters Antonius kaum würdig, aber Claudius war gebildet und ein fähiger Regent, der den Hafen von Ostia erweitern ließ, dem Imperium die neue Provinz Britannien eroberte und damit ein Projekt zu Ende führte, das bereits Cäsar begonnen hatte. Er war ein würdiger Nachfolger Antonius'.

Das Andenken an Kleopatra wurde nicht ausgelöscht, wie dies dem ihres Gefährten widerfuhr. Die von Cäsar im Tempel der Venus Genetrix aufgestellte Statue blieb an ihrem Platz. Angeblich zahlte ein gewisser Archibius, ein Beamter von Kleopatras Hof, Oktavian 1.000 Talente, um Kleopatras Portraits und Statuen vor der Zerstörung zu bewahren. Als Sieger konnte sich Oktavian großzügig zeigen. Kleopatra gegenüber nahm er nun eine ambivalente Haltung ein. Sie war eine gefährliche, verabscheuungswürdige Gegnerin Roms gewesen. Ihre Willensstärke, ihre Entschlossenheit und ihr edles Auftreten aber mußten auch die Römer anerkennen. Insgesamt gab es sieben ägyptische Herrscherinnen mit Namen Kleopatra. Trotz aller Verdienste verblassen die ersten sechs dieser Königinnen im Vergleich mit der letzten ihres Namens. Wenn irgend jemand in der westlichen Welt den Namen Kleopatra ausspricht, denkt die große Mehrzahl der Zuhörer an eine bestimmte Person dieses Namens: an eine exotische, attraktive, unter größter Prachtentfaltung auftretende und über einen starken politischen Willen verfügende Frau.

Bibliographie

Antike Quellen

APPIAN: Römische Geschichte, Bd. 2: Die Bürgerkriege. Übersetzt von Otto Veh. Hiersemann.
CÄSAR: Der Bürgerkrieg. Wissenschaftliche Buchgesellschaft.
CICERO: Atticus-Briefe. Hrsg. von Helmut Karsten. Artemis.
CASSIUS DIO: Römische Geschichte. Übersetzt von Otto Veh. Artemis.
HORAZ: Oden. Bearbeitet von Lothar Rohrmann und Ernstgünther Buchtmann. Vanderhoeck und Rupprecht.
FLAVIUS JOSEPHUS: Geschichte des judäischen Kriegs. Übersetzt von Heinrich Clementz. Reclam.
DERS.: Jüdische Altertümer. Übersetzt von Heinrich Clementz. Fourier.
PLUTARCH: Fünf Doppelbiographien. Hrsg. und übersetzt von Konrad Ziegler und Walter Wuhrmann. Artemis und Winkler.
VELLEIUS PATERCULUS: Historia Romana/Römische Geschichte (lat./deutsch). Hrsg. und übersetzt von Marion Giebel. Reclam.
VERGIL: Aeneis. Hrsg. und übersetzt von Johannes Goette. Artemis.
DERS.: Georgica/Vom Landbau (lat./deutsch). Reclam.

Historischer Überblick

CAMBRIDGE ANCIENT HISTORY, Vol. IX und X. Cambridge University Press.
BELL, H.I.: Egypt From Alexander the Great to the Arab Conquest. Oxford University Press.
CARTER, J.M.: The Battle Of Actium. Hamish Hamilton.
EARL, D.: The Age of Augustus. Ferndale Editions.
EMPEREUR, J.-Y.: Alexandria Rediscovered. British Museum Press.
GRANT, M: Roman History From Coins. Cambridge University Press.
GRIMM, G./PFROMMER, M./DENIS, U. (HG.): Alexandria. Die erste Königsstadt der hellenistischen Welt. Bilder aus der Nilmetropole von Alexander dem Großen bis Kleopatra VII. Philipp von Zabern.
GRUEN, E.S.: The Last Generation of the Roman Republic. University of California Press.
GURVAL, R.A.: Actium and Augustus. The Politics and Emotions of Civil War. University of Michigan Press.
KLOSE, D. O. (HG.): Von Alexander zu Kleopatra. Herrscherportraits der Griechen und Barbaren. Staatliche Münzsammlung München.
LA RICHE, W.: Alexandria. The Sunken City. Weidenfeld and Nicolson.
SCULLARD, H.H.: From the Gracchi to Nero. Methuen.
SYME, R.: The Roman Revolution. Oxford University Press.

Biographien

BRADFORD, E.: Cleopatra. Hodder and Stoughton.
BRAMBACH, J.: Kleopatra. Callwey.
BENGTSON, H.: Marcus Antonius. Triumvir und Herrscher des Orients. C.H. Beck.
CHAMOUX, F.: Marcus Antonius. Der letzte Herrscher des griechischen Orients. Katz.
CLAUSS, M.: Kleopatra. C.H. Beck.

FIELDING, S.: The Lives of Cleopatra and Octavia. [London 1928]
FOSS, M.: The Search for Cleopatra. Michael O'Mara Books.
GRANT, M.: Kleopatra. Eine Biographie. Lübbe.
LINDSAY, J.: Cleopatra. Constable.
MEIER, C.: Caesar. DTV.
MUNDY, T.: Queen Cleopatra. [London 1929]
PAYEN, L.: Cleopatra. [New York 1915]
SOUTHERN, P.: Augustus. Routledge.
DIES.: Marcus Antonius. Ein Lebensbild. Sutton Verlag.
STOCKTON, D.: Cicero. A Political Biography. Oxford University Press.
VANDENBERG, P.: Cäsar und Kleopatra. C. Bertelsmann.
WEIGALL, A.: Mark Antony. His Life and Times. [London 1931]
DERS.: The Life and Times of Cleopatra. [London 1914]
WILDUNG, D. (HG.): Kleopatra. Ägypten um die Zeitenwende. Philipp von Zabern.